劈山越海，

一脉贯南国。

越古启今，

千帆竞北湾。

平陆运河影像志

广西壮族自治区地方志编纂委员会办公室　编

廖立刚　主编

广西美术出版社

《平陆运河影像志》编纂委员会

主　任：梁志强

副主任：吴辉军　唐中克

成　员：施均显　叶建维　黄家接　韦韩韫　孙　仿　韦　晓
　　　　何立云　廖立刚

《平陆运河影像志》编纂人员

主　编：廖立刚

副主编：黄家接　柳玉秀

编　务：刘美伶

撰　稿（按姓氏笔画排序）：韦韩韫　石　睿　刘美伶　李超云　张　文
　　　　林建超　周岳琳　周珍朱　柳玉秀　秧新明
　　　　黄家接　谢达春　廖立刚

序

江河奔流，承载文明；影像定格，镌刻历史。平陆运河，这条横亘于中国南疆的“黄金水道”，既是新中国成立以来建设的首条通江达海的运河，也是一项世纪工程，是新时代广西向海图强的时代缩影。它从历史深处蜿蜒而来，串联起山川、城镇与村落，见证着沿岸百姓的悲欢离合，更孕育出一方水土独有的文化基因。《平陆运河影像志》的诞生，正是以影像为笔，以时光为墨，为这条承载着历史使命与未来憧憬的运河，书写一部跨越时空的立体“传记”。

影像为媒，对话古今。运河的历史，从来不只是水利工程的历史，更是人与土地共生共荣的故事。平陆运河的开凿与贯通，不仅是地理意义上的连接，更是文化脉络的延续。本书以影像为核心载体，将镜头对准运河沿岸的古迹遗址、山川形胜、市井烟火与建设现场，用朴素自然的画面语言，捕捉历史的褶皱与时代的脉搏。那些斑驳的古迹、繁忙的码头、守望的村落，在光影交织中化为无声的叙事者，诉说着运河沿线从农耕文明走向海洋文明的沧桑巨变。影像的力量在于真实，而真实的背后，是编纂团队对历史的敬畏，对生活凝视的初心。

文脉传承，向海而生。平陆运河的独特，在于它既是历史的产物，又是未来的起点。作为“向海经济带”的核心通道，它承载着广西文化经济发展从边疆向内陆腹地、从区域向全球辐射的雄心。本书以“前世”与“今生”的双重视角，梳理运河的沿革脉络：从古代商贸往来的涓涓细流，到今日千帆竞发的壮阔图景；从沿岸民族迁徙的文化交融，到现代工程技术的智慧突破。这些影像与文字，既是对运河沿岸物质文化遗产的记录，更是对运河精神内核的挖掘——一种“向海而生、敢为人先”的开拓精神，早已深植于这片土地的血脉之中。

人民叙事，时代镜像。沿岸的渔民、耕者、工匠、建设者，他们的面容与足迹，构成了这部影像志最动人的篇章。书中收录的200余幅图片，既有宏大的工程场景，也有细微的生活切片：老人在屋檐下讲述运河传说，孩童在河滩边追逐嬉戏，工人在烈日下挥汗如雨……这些画面不仅定格了瞬间，更折射出个体命运与时代浪潮的交响。正是无数平凡人的坚守与奋斗，让运河从图纸上的线条化为滋养土地、联通世界的生命线。

方志新篇，文化自觉。在数字化与快节奏的今天，以影像志的形式记录一条运河的变迁，既是方志编纂的创新实践，亦是对地方文化自觉的呼应！本书跳脱传统志书的体例束缚，将学术严谨性与艺术感染力相结合，既为研究者提供翔实的史料，也为普通读者打开一扇感知运河的窗口。它提醒我们：真正的历史，从来不是冰冷的数字与条文，而是留存在生活细节中的温度与呼吸。

《平陆运河影像志》的出版，恰逢广西拥抱海洋文明、谱写开放新篇章的关键节点。它既是对过往的深情回望，亦是对未来的灼热期许。愿读者透过这些光影交织的影像，聆听历史的回声，触摸运河的脉搏，感受一个民族在赓续传统与开拓创新中永不停歇的脚步。

是为序。

编者

2024 年 10 月

总述

百舸争流，通江达海；壮美八桂，向海图强。千年前，一艘舟楫从郁江经梧州，沿西江而下；而另一艘则刚从交趾返回合浦海港。江海虽近，两艘舟楫竟从未擦身而过。此等憾事，已持续了千余年。随着泥沙淤塞南流江水路，合浦港的繁华逐渐迁至钦州港。钦州至横州的交通路线，是宋代“廉盐”西运的主要通道。“廉盐”指的是今钦州、北海等地所产之盐，是中国南部和西部地区的主要食盐来源。清道光《钦州志》卷三记载，宋绍兴七年（1137 年），朝廷在钦州新开设白皮盐场。古代盐商想要将“廉盐”西运至南宁，只能先从北部湾北岸的钦州出发，溯江而上抵达陆屋镇，经钦江干流陆屋江抵达旧州镇，在此下船卸货，再行陆路约 15 千米才能到达。陆路与水路的辗转，道尽了“广西货不走广西港”的尴尬。宋代《岭外代答》中，也记载有：“凡交阯生生之具，悉仰于钦，舟楫往来不绝也……吾之小商，近贩纸、笔、米、布之属，日与交人少少博易，亦无足言。唯富商自蜀贩锦至钦，自钦易香至蜀，岁一往返，每博易动数千缗……”虽然西南货物可从最近的钦州港出海，但商贩亦需要频繁更换陆路与水运交通才能抵达越南，一年时间只够蜀商往返一趟。近代，洋纱、煤油等舶来品也经钦州地区源源不断运往南宁等地，此道的重要性不言而喻。民国《灵山县志》载：“邑之商埠以陆屋为最，有关收杂税，为钦盐及杂货御船总汇。”民国《钦州志》又载：“南、太、泗、镇欲办省佛港各货，赖我钦为转运……”沿线的圩镇会馆见证了这条通道商贸的发展与繁荣。然而，由此也可见交通不畅早已成为广西甚至我国西南内陆地区发展外贸市场的一大桎梏。

民国时期，有识之士大胆设想过建设一条人工出海通道，开发西南。1915 年，时任广东治河事宜处督办的谭学衡，赴南宁、浔州（今桂平）一带勘测地势，调查新河通海的可能性，但因技术受限、施工难度过大，只好感叹“开凿实非所宜”。1919 年，为促进西南各省份经济发展，孙中山先生在《建国方略》中提出一个构想：“凡在钦州以西之地，将择此港以出于海。”西南内陆与诸国的经贸往来，经钦州港最为便捷。既然古人能以灵渠沟通长江、珠江两大水系，促进岭南与中原的经济、文化交流，那么开凿运河打通广西的河道与海港，未尝不可。

20 世纪 50 年代初，为发展钦州至广州的水路运输，南宁市委书记兼市长莫文骅曾计划兴建连接钦州与横县（今南宁横州市）的运河。至 20 世纪

70 年代，广西、广东曾联合组织力量进行数次勘察，先后提出了《平陆运河规划报告》等成果。经过数次勘察、缜密规划和科学部署，20 世纪 90 年代，国务院正式批复《珠江流域综合利用规划纲要》，其中将平陆运河建设列入了远景项目。由于平陆运河建设项目工程难度大，彼时不得不在前期筹备阶段就按下“暂停键”。随着我国经济社会不断发展，处于西部陆海新通道南线的货物不得不绕道“珠三角”出海的情况，在一定程度上限制了我国内陆地区的经济发展，必须打通地理上的交通壁垒。同时，与西南、中南省份相连的广西，却因西江水系未能向南通达北部湾，无法充分利用港口天然的向海优势。因此，最好的办法是连通西江航运干线与北部湾海域，有效缩短货物在西部陆海新通道上的行程。修通运河，势在必行。党的十八大以来，以习近平同志为核心的党中央高度重视广西开放发展，从战略层面赋予广西“三大定位”新使命，要求广西打造和发展向海经济，支持广西按下经济发展的“快进键”。2019 年以来，国家将平陆运河工程列入“十四五”规划和 2035 年远景目标，以及《国家综合立体交通网规划纲要》《西部陆海新通道总体规划》等重大规划，统筹推进建设。2022 年 3 月 17 日，平陆运河项目正式立项。2022 年 7 月，平陆运河工程可行性研究报告正式获批。2022 年 8 月 28 日，西部陆海新通道的骨干工程和加快建设交通强国的标志性工程——平陆运河建设工程项目正式拉开建设序幕。平陆运河，始于南宁横州市西津库区平塘江口，经钦州灵山县陆屋镇，船只可继续沿钦江到达出海口沙井港进入北部湾，全长 134.2 千米，预计建设工期 52 个月，工程概算约 727 亿元，新开挖约 30 千米，可通航 5000 吨级船舶。平陆运河工程将于 2026 年主体建成，不仅对推动沿线地区产业发展具有重要意义，还为我国中南、西南地区的经济建设打造一个通江达海的新出口。

2023 年，习近平总书记先后强调，“积极推进‘丝路海运’港航贸一体化发展，加快陆海新通道、空中丝绸之路建设”，“要高标准、高质量建设平陆运河”。广西深入贯彻落实习近平总书记重要指示批示精神，秉持对人民、对历史、对工程负责到底的态度，坚持高位推动，全力以赴持续高效推进平陆运河建设，要求突出系统性、专业性、时代性，在奋进中国式现代化新征程中交出平陆运河建设的优异答卷。如果把西江黄金水道和北部湾港口看作广西发展的“任督二脉”，运河的建成将缩短西江中上游地区入海航程

平陆运河起点

廖立刚　摄

拍摄地点：横州市平塘江口

拍摄时间：2022 年 5 月 3 日

约560千米，广西发展的“任督二脉”就打通了。同时，平陆运河还将实现广西内河航道网、云贵部分地区内河航道与海洋运输直接贯通，预计每年可为西部陆海新通道沿线地区节省运输费用52亿元以上。跨越世纪的梦想，正在变成现实。

江海联运，山海协同。横州至钦州的水陆沿线分布着不少极具八桂特色的自然和文化遗产，历史上产生了以钦邕盐道、伏波庙、天涯亭、铜鼓、海防炮台等文化遗存为代表的运河文化。居住于此的各族人民世代团结和睦，共同守护着这里的山川风物，传承着丰富多样的民俗活动。中国共产党领导全国各族人民群众，凝心聚力，团结一致，创新实干，树牢“一盘棋”思想，共同奋斗创造美好生活。正是党员干部用心用情做好群众工作，齐心协力解决好拆迁群众关心关切的问题和困难，以及人民群众心中厚植的对中华民族共同体意识的认同、对美好生活的向往、对绿水青山的珍惜，使支持平陆运河建设的良好氛围广泛形成，项目建设前期的移民搬迁工作进展顺利。自治区党委坚持把平陆运河作为广西贯彻新发展理念的关键工程和造福百姓、惠及各方的民生工程来抓，出台实施了《坚定不移贯彻新发展理念建设平陆运河的实施意见》，编制打造优质工程、绿色工程、廉洁工程、搬迁群众安置和物流运输组织5个专项行动方案，坚持“总体平衡、保本微利”做好土石方综合利用，积极创建“平安百年品质工程”。牢固树立以人民为中心的发展思想，做细做实沿线群众出行、饮用水保障等工作，科学谋划推进安置区建设及配套产业发展，加快打造乡村振兴示范带，促进沿线乡村全面振兴，努力建设人民满意的幸福美丽运河。

科技赋能，众志成城。为实现“通江达海、整体规划、一次建成、系统运行”的建设总体方案，开辟和发展新时代第一条江海连通的“民生运河”“经济运河”“科技运河”“文化运河”“生态运河”，建设者们全力奋战，将平陆运河从梦想蓝图一点点变成现实。放眼全国，平陆运河建设的技术难度在所有水运工程中都是首屈一指的。尤其是运河3座梯级枢纽组成全球规模最大的三级叠合式省水船闸，将实现水资源充分集约利用，可比普通船闸省水60%左右，预计年节省水量10亿立方米，大约为800万个三口之家一年的用水量。其中的马道枢纽和企石枢纽船闸，更是创造了3项“世界之最”：世界最大的内河省水船闸，闸室内供船舶停泊的水域长度达到

平陆运河入海处
廖立刚 摄
拍摄地点：钦州沙井
拍摄时间：2022年6月28日

300米，宽度34米；世界最高水头的省水船闸，运行时，马道枢纽上下游最大水位落差接近30米，相当于9层楼高；世界运行速度最快的省水船闸，启门仅需约1分钟，闭门时间约30秒，1小时可通行6艘5000吨级船舶。从生态环保方面，将“通航、治水、复绿、造景、循环”等理念贯穿于项目设计、建设和运营全过程，统筹推进山水林田湖草海湿地系统治理，大力实施运河沿线重要生态系统重大修复工程，不断提升生态系统质量和稳定性。同时，将构建国内第一条全生命周期的“数字孪生运河”，实现平陆运河动态“一图总览”、调度指挥“一脑智控”、物流服务“一键触达”，“平陆大脑”高效智慧化。

一河兴，百业旺。相信平陆运河建成后，定会呈现“一河贯通，八桂向海”的宏大场景，从根本上改变广西临海但没有江河直航入海的现状，激活广西高质量发展“一池春水”。民心所盼的百年运河梦，终于触手可及。

平塘江口
廖立刚 摄
拍摄地点：横州市新福镇平塘江口
拍摄时间：2022 年 7 月 28 日

目录

第一篇

引　子

张　文
周珍朱

在悠远的历史长河中，“钦邕盐道”宛如一条蜿蜒的玉带，穿越岁月的尘埃，静静铺展在祖国大地的西南一隅。它不仅是古代商贸往来的血脉，更是连接钦州与邕州，乃至更广阔世界的桥梁与纽带。这条水陆交织的要道，自钦州启程，轻抚过横州平塘江口的温柔波光，最终抵达邕州的怀抱，其承载的，不仅是沉甸甸的官盐，更是古代人民智慧与勤劳的结晶。

尤为引人注目的是，钦州至横州平塘的这一段行程，正与世纪工程平陆运河的规划线路不谋而合，仿佛是历史与未来的奇妙对话，跨越时空的界限，共同诉说着这片土地上的繁荣与变迁。

北望，“钦邕盐道”与郁江轻轻相拥，继而汇入那条流淌着古老传说的西江黄金水道，它们携手并进，将岭南与西南、中原紧密相连，编织出一幅幅生动的经济与文化交流图景。

南眺，则是浩瀚无垠的北部湾港口，它以开放包容的姿态，迎接来自四面八方的商船与梦想。在这里，“钦邕盐道”与中国古代海上丝绸之路衔接，共同开启了一扇通往世界的大门，让岭南的物产、文化、智慧得以远播海外，促进了文化的交流与融合。

如此，“钦邕盐道”便不仅仅是一条简单的运输通道，它更是西部陆、江、海互联互通的重要枢纽，是古代我国岭南、西南乃至东南亚交通史、盐运史、贸易史上一颗璀璨的明珠。在这条水陆通道上，每一粒盐都承载着厚重的历史，每一滴水都映照出往昔的辉煌。它见证了无数商贾的奔波与梦想，记录了边疆治理的智慧与勇气，也镌刻了各民族和合共生的美好篇章。在历史的长卷中，“钦邕盐道”以其独特的魅力，留下了不可磨灭的印记，让后人得以在岁月的长河里，追寻那份逝去的辉煌与梦想。

一、汉至唐时期

岭南地区海域辽阔，自古以来，盛产海盐。据《汉书 · 地理志》等记载，西汉时期，已在岭南设置盐官，实行专营管理。平塘江口，与古代岭南盐业紧密相连，是古代盐关所在地之一。

根据相关研究结果，唐代以前，已存在从交趾经钦州地区至郁江包括横州平塘江口的交通路线。其中，平塘江口为千年古城、古代盐关所在地；今钦州市久隆镇、平吉镇、陆屋镇、旧州镇等地先后为相关州郡县的治所所在地，均为该线路上的重要节点。但因钦江与郁江之间存在分水岭，陆屋至平塘路段只能采取陆路与水路兼行的方式，增加了交通的难度和成本。在合浦作为主要港口时期，从钦廉沿海地区到横州平塘江口的交通线路的地位并不突出。

岭南盐区

岭南沿海海盐资源丰富，“自潮汕以至钦廉，濒海之地，俱有盐区”（曾仰丰《中国盐政史》）。早在西汉时期，岭南就是朝廷重要的盐政基地。“汉元封初，盐官二十八郡，邻粤之区有南海、苍梧（高要）”（清嘉庆《广西通志》）。南朝齐年间，朝廷在合浦郡境内分置盐田郡（治今广西合浦县），专司盐务，征收盐税，进一步彰显了岭南盐业的重要性。

平塘江口

位于平陆运河起点的横州市新福镇平塘江口，自晋至隋，先后为简阳县、简阳郡、简州、缘州等州郡县的治所，且为盐关所在地之一，其正好处于历史上的“钦邕盐道”之北端，是连接四方、沟通内外的关键枢纽。

平塘江口街旧景
平塘村村民侯信海供图

平塘江口街
廖立刚　摄
拍摄地点：横州市平塘江口
拍摄时间：2022 年 5 月 1 日

江口街老照片
平塘村村民侯信海供图

平塘江口街
廖立刚　摄
拍摄地点：横州市平塘江口
拍摄时间：2022 年 5 月 1 日

新福镇简氏宗祠
廖立刚　摄
拍摄地点：横州市新福镇
拍摄时间：2024 年 7 月 10 日

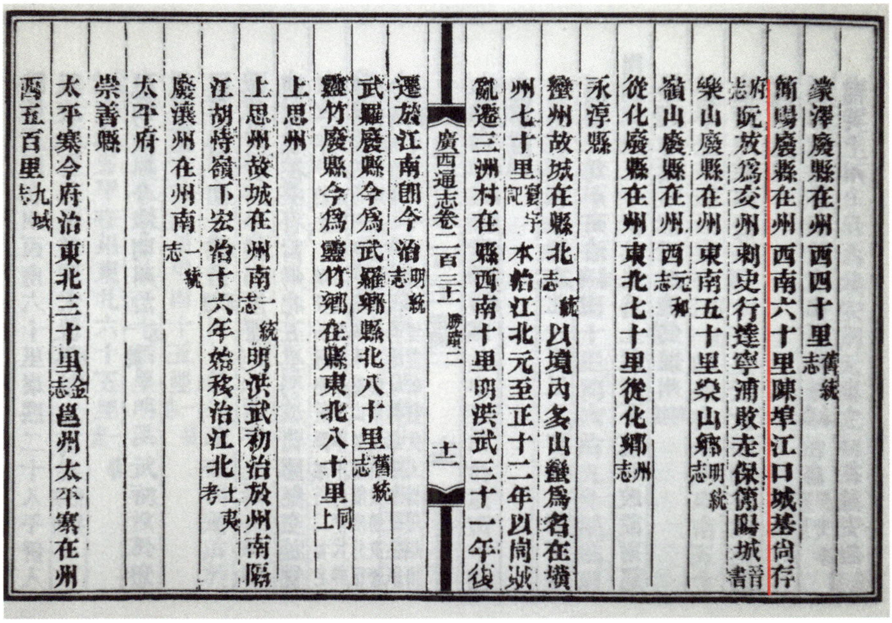

蒙澤廢縣在州西四十里舊一統志
簡陽廢縣在州西南六十里陳埠江口城基尚存府志
阮放爲交州刺史行達寧浦敗走保簡陽城晉書
樂山廢縣在州東南五十里朵山鄉明一統志
嶺山廢縣在州西元和志
從化廢縣在州東北七十里從化鄉州志
永淳縣
巒州故城在縣北一統志以境內多山巒爲名在橫
州七十里寰宇記本治江北元至正十二年以峒獠
亂遷三洲村在縣西南十里明洪武三十一年復
廣西通志卷二百三十一 勝蹟二 十二
遷故江南明一統志今治
武羅廢縣今爲武羅鄉縣北八十里舊志
靈竹廢縣今爲靈竹鄉在縣東北八十里上同
上思州
上思州故城在州南一統志明洪武初治於州南隔
江胡特嶺下宏治十六年始移治江北土夷考
廢潢州在州南一統志
太平府
崇善縣
太平寨今府治東北三十里金志邕州太平寨在州
西五百里九域志

清嘉庆《广西通志》卷二百三十一载："简阳废县，在州西南六十里陈埠江口（平塘江口），城基尚存。"据民国《广西通志稿》，民国时期，古简阳县的城垣基石仍存。又据新编《横县志》，直至1958年西津水库大坝合龙之前，古简阳县城基仍可见。图为清嘉庆《广西通志》书影。

千年古城——横州

西晋太康七年（286年），设立简阳县，其治所位于今平塘江口（注：古城遗址位于今江口街和古城村之间的水域）。

平塘江口，凭借其得天独厚的地理位置与丰厚的税收资源，自古以来便是兵家必争之地。

据相关古籍（含历代方志）及新编《横县志（1986—2005）》的记载，自晋代以来，简阳县之名与行政级别虽历经变迁，但其治理中心始终稳固于平塘江口。

东晋年间（317—420年），宁浦郡治所移至简阳县，治所位于今平塘江口。

南朝梁天监年间（502—519年），增置简阳郡，郡县同治。

隋开皇十一年（591年），撤销简阳郡（含简阳县）和宁浦郡，将两郡合并设立简州，治所位于今平塘江口。

隋开皇十八年（598 年），简州改为缘州，治所位于今平塘江口。

隋大业二年（606 年），撤销缘州，古城随之而废。

唐武德四年（621 年），复置简州，其治所转移至今横州市郁江南岸，即现江南村委会高岭塘至西竹坑一带。武德六年（623 年），简州改称为南简州。唐贞观八年（634 年），设置横州，治所不变。唐乾元元年（758 年），横州州治又迁移至郁江北岸（今横州市区）。

自此，平塘江口逐渐淡出了区域行政中心的舞台。

据现存伏波庙遗址及相关研究，汉代伏波将军马援及其部将征伐交趾时，除了经灵渠—合浦—钦廉沿海等线路以外，还曾在浔江、郁江、钦江等地活动，整治当地河道和海道。相传，汉代平塘江口建有纪念马援将军领兵路经平塘江口信庙的“朝圣台”。图为位于新福镇平塘村江口街的古刹信庙（重建）。

平塘江口街信庙
廖立刚　摄
拍摄地点：横州市平塘江口
拍摄时间：2023 年 7 月 16 日

古代盐关

唐代以后，由于广西“兵饷半藉盐运”，以及广西内陆事关民生的物资销售，多靠平塘江转运，所以历朝官府仍在平塘江口设置收税机关。至今，此地民间仍有“八朝盐关”之说。

江口街盐关交易场老照片
平塘村村民侯信海供图

二、宋元时期

唐宋时期，“广州通海夷道”的形成及广州市舶司的设立，虽间接制约了广西海路的发展，但广西与越南的贸易仍依托北部湾航道。北部湾航道中，南流江水路渐被泥沙淤塞，昔日繁华的合浦港逐渐衰落；而与合浦相邻的钦州，州治几经迁徙，最终于北宋仁宗年间从今旧州迁至钦江入海口之畔，成为宋朝与安南（今越南）之间往来的重要枢纽，开启了其历史发展的新篇章。

北宋年间，朝廷设钦州博易场，促进了钦州商贸的空前繁荣。宋人周去非在《岭外代答》中生动地描绘了这一盛况。宋元时期，钦州至横州的交通路线成为钦廉食盐西运的主要通道。

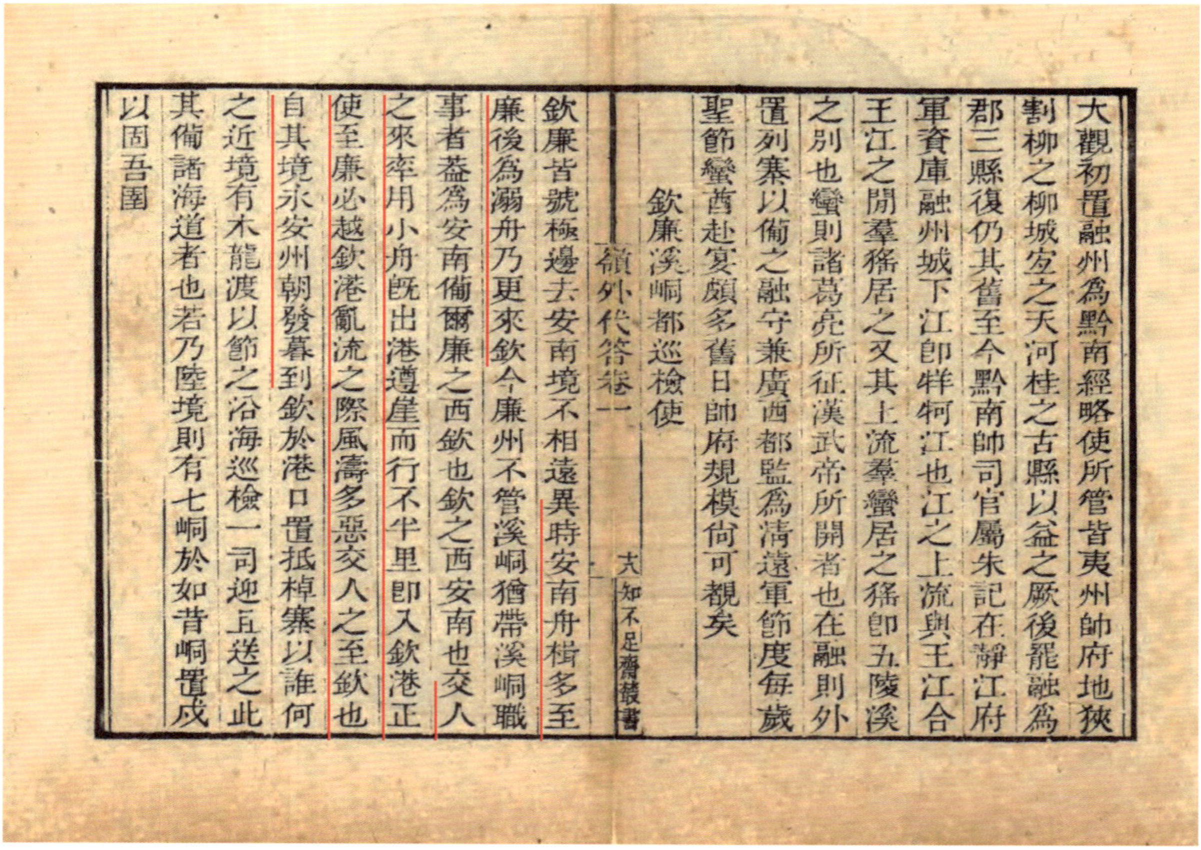

大觀初置融州爲黔南經略使所管皆夷州帥府地狹割柳之柳城宜之天河桂之古縣以益之厥後罷融爲郡三縣復仍其舊至今黔南帥司官屬朱記在靜江府軍資庫融州城下江即牂牁江也江之上流與王江合王江之間羣猺居之又其上流羣蠻居之猺即五陵溪之別也蠻則諸葛亮所征漢武帝所開者也在融則外置列寨以備之融守兼廣西都監爲淸遠軍節度每歲聖節蠻酋赴宴頗多舊日帥府規模倘可覩矣

欽廉溪峒都巡檢使

嶺外代答卷一　知不足齋叢書

欽廉皆號極邊去安南境不相遠異時安南舟楫多至廉後爲溺舟乃更來欽今廉州不管溪峒猶帶溪峒職事者蓋爲安南備爾廉之西欽也欽之西安南也交人之來率用小舟既出港遵崖而行不半里即入欽港正使至廉必越欽港亂流之際風濤多惡交人之至欽也自其境永安州朝發暮到欽於港口置抵棹寨以誰何之近境有木龍渡以節之浴海巡檢一司迎且送之此其備諸海道者也若乃陸境則有七峒於如昔峒置戍以固吾圉

宋人周去非《岭外代答》卷一记载：“异时安南舟楫多至廉，后为溺舟，乃更来钦。……交人之来，率用小舟，既出港，遵崖而行，不半里即入钦港。正使至廉，必越钦港。乱流之际，风涛多恶。交人之至钦也，自其境永安州朝发暮到……”图为相关书影。

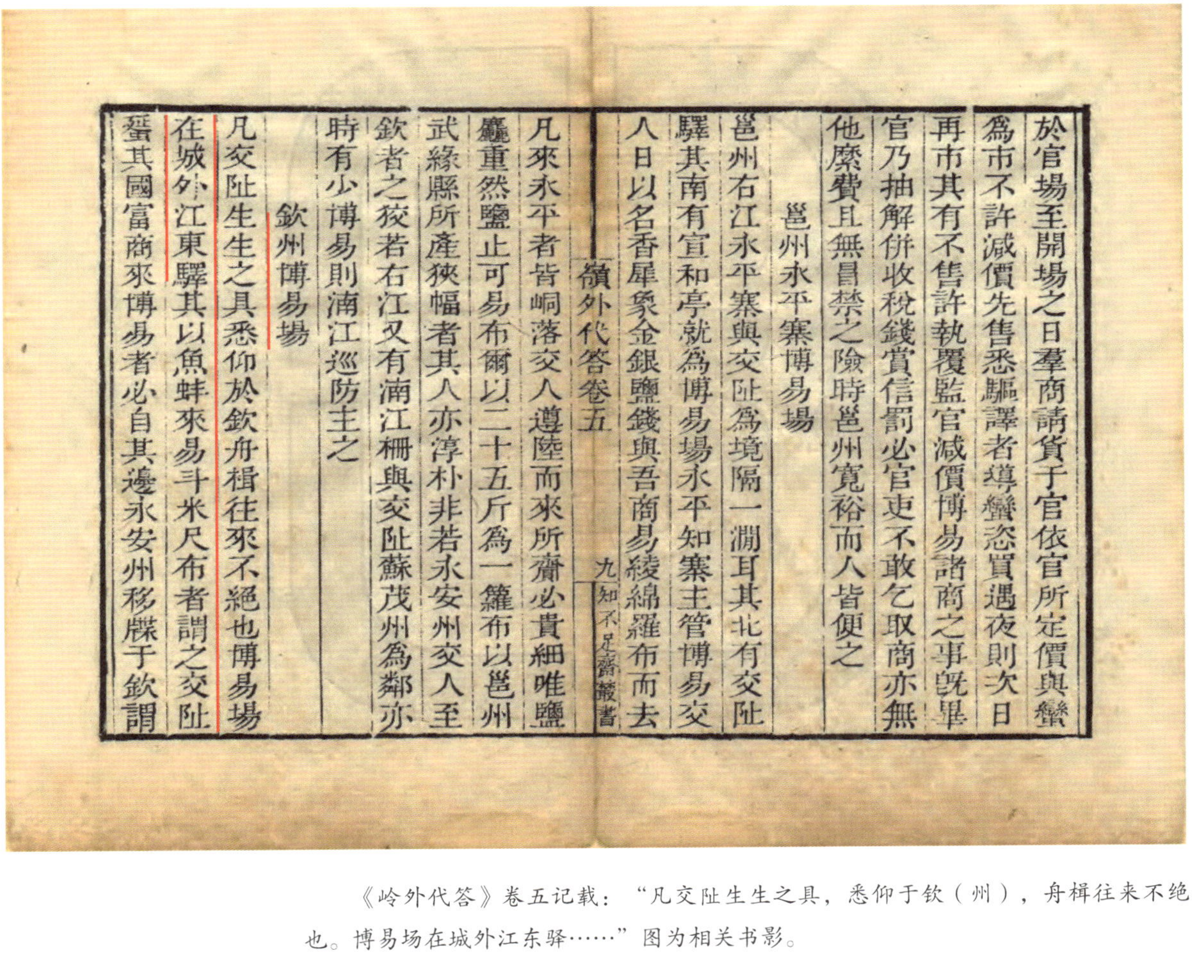
於官場至開場之日羣商請貨于官依官所定價與蠻為市不許減價先售悉驅譯者導蠻恣買遇夜則次日再市其有不售許執覆監官減價博易諸商之事既畢官乃抽解併收稅錢賞信罰必官吏不敢乞取商亦無他縻費且無冒禁之險時邕州寬裕而人皆便之

邕州永平寨博易場

邕州右江永平寨與交阯為境隔一澗耳其北有交阯驛其南有宣和亭就為博易場永平知寨主管博易交人日以名香犀象金銀鹽錢與吾商易綾錦羅布而去

嶺外代答卷五　九　知不足齋叢書

凡來永平者皆峒落交人遵陸而來所齎必貴細唯鹽麤重然鹽止可易布爾以二十五斤為一籮布以邕州武緣縣所產狹幅者其人亦淳朴非若永安州交人至欽者之狡若右江又有湳江柵與交阯蘇茂州為鄰亦時有少博易則湳江巡防主之

欽州博易場

凡交阯生生之具悉仰於欽舟楫往來不絕也博易場在城外江東驛其以魚蚌來易斗米尺布者謂之交阯蜑其國富商來博易者必自其邊永安州移牒于欽謂

《岭外代答》卷五记载：“凡交阯生生之具，悉仰于钦（州），舟楫往来不绝也。博易场在城外江东驿……”图为相关书影。

“钦州路”

钦州沿海还承载着重要的政治使命。钦州是宋代官员前往交趾的交通节点之一，也是交趾使臣朝贡中国的重要路线之一——“钦州路”的起点。宋代，交趾的朝贡使团常取道钦州，沿钦江水路、郁江—钦江间的陆桥，再顺郁江水路而下至横州，继而穿越贵州（今贵港）、象州、桂林，最终抵达开封或杭州。

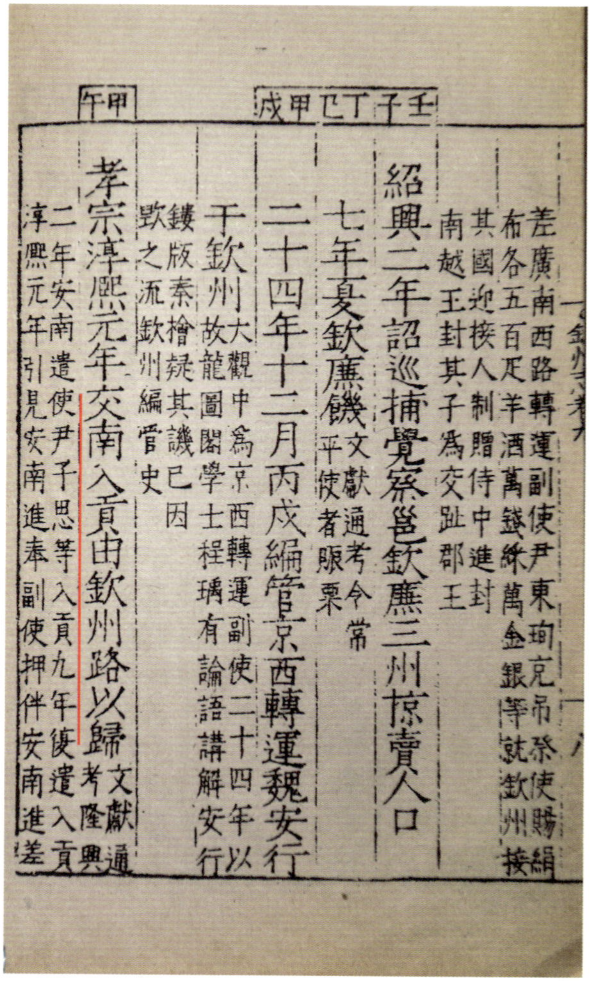

差廣南西路轉運副使尹東珣充吊祭使賜絹
布各五百疋羊酒萬錢絲萬金銀等就欽州接
其國迎接人制贈侍中進封
南越王封其子爲交趾郡王

壬子
紹興二年詔巡捕覺察邕欽廉三州掠賣人口

丁巳
七年夏欽廉饑文獻通考令常平使者賑粟

甲戌
二十四年十二月丙戌編管京西轉運魏安行
于欽州大觀中爲京西轉運副使二十四年以故龍圖閣學士程瑀有論語講解安行鏤版秦檜疑其譏已因歎之流欽州編管史

甲午
孝宗淳熙元年交南入貢由欽州路以歸文獻通考隆興
二年安南遣使尹子思等入貢九年使遣入貢
淳熙元年引見安南進奉副使押伴安南進差

“交南入贡，由钦州路以归。”古籍旧志中颇多类似的记载，图为明嘉靖《钦州志》卷九所载。

钦盐与运道

据曾仰丰《中国盐政史》，宋代开始设立盐场。北宋年间，廉州（治今合浦，含今北海、钦州、防城港等市县地）有白石、石康两个盐场，为全国重要盐仓，是中国南部和西部地区的重要食盐来源。

南宋绍兴七年（1137 年），朝廷在今钦州犀牛脚镇的沙角、船厂一带新设立了白皮盐场，并从合浦一带引进“晒沙沥卤煮盐”的制盐技术，钦盐产量大幅增加，约一成在本地销售，其余主要用船从水路运往钦州城东的中屯配馆（今钦州市区附近，后改为马屋配馆）配售。其“质纯白不染，较浙淮盐为优”，影响力不断扩大。

自宋代开始，钦盐主要供应广西和滇、黔等地，其输送路线为：一是走“钦邕盐道”，二是走“郁廉盐道”，三是走“邕廉盐道”。其中“钦邕盐道”是钦州等地海盐运往邕州的主要线路。宋元时期，随着钦州至横州平塘交通路线的日益发展，盐商们利用“钦邕盐道”的水陆通道将钦盐运出。

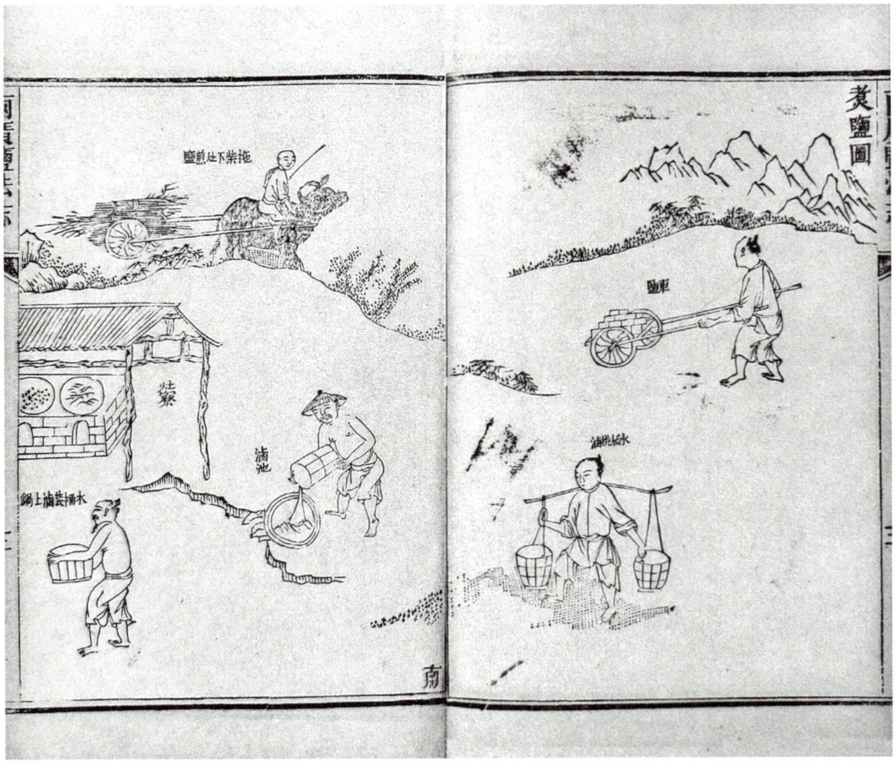

煮盐图。（源于清道光《两广盐法志》）

三、明清至民国时期

明清时期，“钦邕盐道”仍是重要的官方和民间通道，“商人贩竹木谷粟之利多取道于此，达于郁江”（清嘉庆《广西通志》）。直至清末以前，钦州均为广东、香港和桂西、西南等地各类贸易的中转枢纽。同时，此通道依然是重要的钦州官盐运道。

明清时期，廉州府是当地最大的海盐产地，产盐行销广西、云南、贵州及湖南等地。清代乾隆年间，广西人口剧增，海盐需求亦随之剧增，食盐专卖制度也愈加严厉，海盐成了朝廷重点控制的特供产品。两广分设东、南、西、北、中、平六柜，统辖各埠食盐运销，其中“平柜”设置在平塘江口。盐运线路：钦州沿海—中屯配馆—钦江水道—陆屋—旧州—沙坪（含旧圩）—新圩（今新福镇）—平塘江口—郁江水道—南宁—桂西和云南、贵州、湖南等省。

据民国《灵山县志 · 生计志 · 交通》，“由钦以船逆流运盐至陆屋圩，卸装以牛车运至旧州圩五十里，复以手车或肩挑至沙坪圩四十里，以船载出平塘江口，由西江载上南宁，是为邕盐运路。”

这也是明代《徐霞客游记》中记载的“钦州盐俱从此出”的“钦邕盐道”。清嘉庆《广西通志》也记载：“南宁府同知分驻于此（平塘江口），广东廉州盐场发运来广西者，皆由此出。”

清代以来，钦廉沿海滩涂资源全面开发，盐业生产技术不断进步，使钦廉

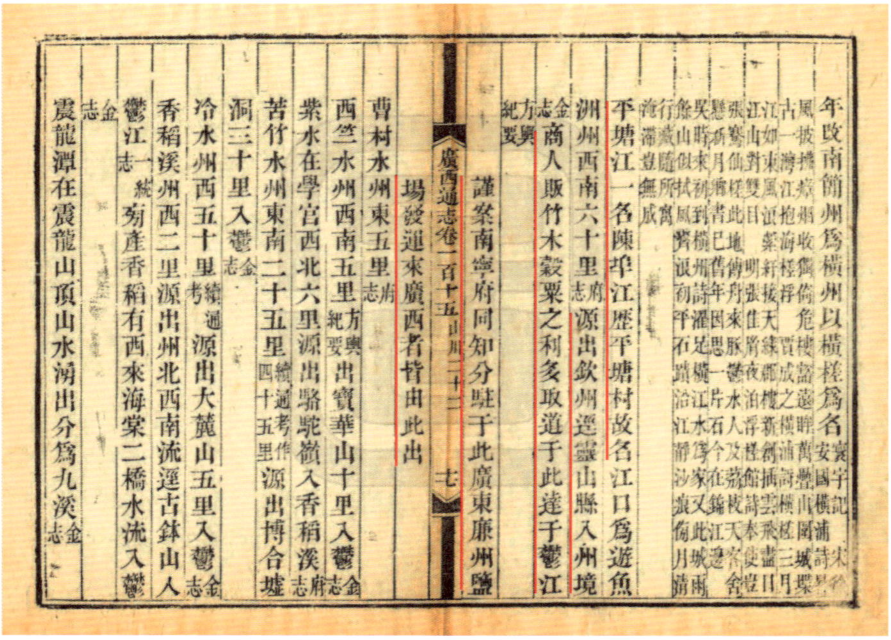

平塘江一名陳埠江歷平塘村故名江口爲遊魚洲州西南六十里府志源出欽州經靈山縣入州境金志商人販竹木穀粟之利多取道于此達于鬱江方輿紀要

謹案南寧府同知分駐于此廣東廉州鹽場發運來廣西者皆由此出

廣西通志卷一百十五 山川二十二 七

曹村水州東五里府志

西竺水州西南五里方輿紀要出寶華山十里入鬱金志

紫水在學宮西北六里源出駱駝嶺入香稻溪府志

苦竹水州東南二十五里續通考作四十五里源出博合墟洞三十里入鬱金志

冷水州西五十里續通考源出大麓山五里入鬱金志

香稻溪州西二里源出州北西南流逕古鉢山入鬱江一統志旁產香稻有西來海棠二橋水流入鬱金志

震龍潭在震龍山頂山水涌出分爲九溪金志

清嘉庆《广西通志》载：“平塘江，一名陈埠江，历平塘村，故名……源出钦州，经灵山县入州境，商人贩竹木谷粟之利多取道于此，达于郁江。谨案：南宁府同知分驻于此（平塘江口），广东廉州盐场发运来广西者，皆由此出。”图为相关书影。

沿海从两千多年来的煮海为盐的生产模式转成围海产盐，沿海盐田数量不断增加，盐业生产规模持续扩张。钦廉所产海盐成为当地重要大宗输出商品，“钦邕盐道”更为繁忙。

清光绪末年直至民国时期，由于广州和香港的小轮船可由西江直驶至桂西百色、龙州等地，此前由钦州转运的货物，转而依赖小轮船转运。同时，公路交通也逐渐发展。除了抗战期间钦州因可抢运越南物资出售而一度兴盛外，钦州逐渐失其地利。

此外，自清代至民国时期，钦邕之间除钦州至平塘的官盐运道外，还存在不少民间私盐贸易古道，这也是钦邕交通四通八达的一个写照。

据19世纪英国探险家柯乐洪的著作《横穿克里塞——从广州到曼德勒》记载：清光绪八年（1882年），柯乐洪乘船从广州到百色，在经过横州平塘时，记载平塘经过灵山旧州、陆屋到北海的行程为9天。但因为该路线要穿越郁江—钦江之间的陆桥，且处于两广交界的山区，容易藏匿盗匪，这在一定程度上制约了南宁及其上游各地与北部湾地区的商贸往来。图为《横穿克里塞——从广州到曼德勒》（云南人民出版社2018年版，此前版本又名《穿越华南边疆：从广州到曼德勒行纪》）书影。

钦廉盐场

明代设立海北盐课提举司，管理海盐生产与运销。清代以后，朝廷除设有专门的盐政机构之外，还规定了专门的盐运线路和储备盐仓。明代和清初，廉州府设有白沙、白石、白皮三个盐场，所产海盐行销广西、云南、贵州及湖南等地。

清康熙十九年（1680 年），朝廷将白沙、白石、白皮三个盐场合并成立了白石场盐场，辖区包括今北海、钦州、防城港三市的海盐生产区。后又将白石场盐场分为白石东场（位于北海合浦县）、白石西场（位于钦州）两个盐场。

这一时期，钦廉地区的官盐运输路线依然有“钦邕盐道”“郁廉盐道”和“邕廉盐道”三条通道。其中钦州沿海盐场的官盐，主要通过水运，先运至钦州城内的中屯配馆，然后取道“钦邕盐道”。

清代白石东西场图。（源自清道光《两广盐法志》）

古法制盐——犀牛脚海盐晒制技艺

犀牛脚海盐晒制技艺是钦州市第七批市级非物质文化遗产代表性项目，发源于古代白皮盐场。人们在海边滩涂筑堤，在堤内修建盐田，引进海水为原料，利用阳光和风力晒制，海水自然蒸发浓缩成卤水，卤水浓度超过25°Bé（波美度）后，开始结晶析出原盐，从海水变成盐，需要10余天。

钦州——岭南中转枢纽

至清代中叶，钦州地域经济开发已经形成规模，民众广泛种植甘蔗、花生等经济作物，用以制成蔗糖、花生油等，“出口大宗者为甘蔗”。（见《近代交通史全编》）

清末，钦州既是北海港重要腹地，本地米粮、蔗糖、花生油依托北海港转运至广州、佛山等地，也是区域经济中心省（广东）港澳与桂西南四府（即南宁、太平、泗城、镇安四府）商贸中转通道之一，洋纱、煤油等舶来品也经钦州源源不断运往南宁等地。清代钦州建有广州会馆，以供广府商人往来经商联络之用，至今尚存。钦邕通道的重要性不言而喻。

民国《钦县志》记载：“南、太、泗、镇（广西省属南宁、太平、泗城、镇安四府）欲办省（广东）、佛（佛山）、港（香港）各货，赖我钦为转运。……其时值稻谷、落花生丰收，谷米源源运出北海，面、油源源运上省佛。回头采办洋纱等各杂货，由红单船运至沙井，转大驳船上钦，又由钦转运至南、太、泗、镇。”

抗日战争时期，受战争影响，舶来品绝迹，但钦州商人可经东兴一路抢运越南洋纱、布匹、胡椒、砂仁各大宗商品回钦州发售，廉州、灵山及广西各地商人，纷纷来钦州竞相转运，钦州商业为之一振。此后由于西江水路及公路交通的发展，钦州逐渐丧失地利。

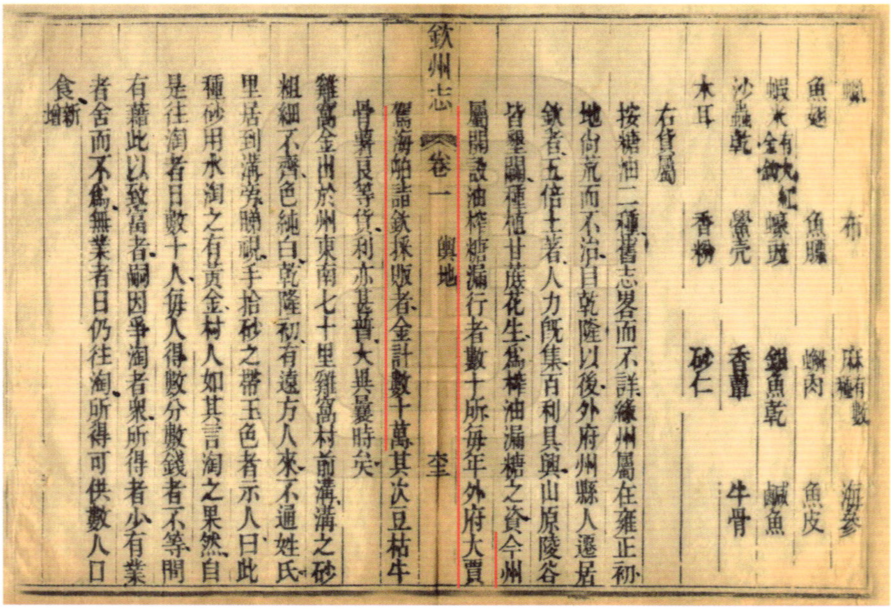
蠟　布　麻　海參
魚翅　魚膘　蠔肉　魚皮
蝦米　全鮑　螺斑　鰇魚乾　鹹魚
沙蟲乾　鱟殼　香蕈　牛骨
木耳　香粉　砂仁
右貨屬
按糖油二種舊志畧而不詳緣州屬在雍正初
地尚荒而不治自乾隆以後外府州縣人遷居
欽者五倍土著人力既集百利具興山原陵谷
皆墾闢種植甘蔗花生爲榨油漏糖之資今州
屬開設油榨糖漏行者數十所每年外府大賈
欽州志　卷一　輿地　卆
駕海舶詣欽採販者金計數十萬其次豆枯牛
骨薯莨等貨利亦甚普大異曩時矣
雞窩金出於州東南七十里雞窩村前溝滿之砂
粗細不齊色純白乾隆初有遠方人來不通姓氏
里居到溝旁睇視手拾砂之帶玉色者示人曰此
種砂用水淘之有黃金村人如其言淘之果然自
是往淘者日數十人每人得數分數錢者不等間
有藉此以致富者嗣因爭淘者衆所得者少有業
者舍而不爲無業者日仍往淘所得可供數人口
食新增

据清道光《钦州志》，“今州属开设油榨、糖漏行者数十所，每年外府大贾驾海舶诣钦采贩者，金计数十万”。图为相关书影。

钦州中屯配馆、马屋配馆

明清时期，位于钦州犀牛脚和大番坡的盐场生产的食盐除了小部分在本地销售，大部分用船从水路运往钦州城东的中屯配馆（运馆）收贮配运。

晚清以后，由于钦江河道变迁，盐仓改设在马屋（今钦州盐埠街盐仓），取代中屯配馆配售。钦州、防城的官盐均经此配售。马屋配馆外的钦江边为泊船之所，食盐从此处用船装运。

抗日战争期间，沿海盐区大多沦陷，湘、桂、黔等省缺盐，钦州官盐运销进入鼎盛时期，马屋配馆成为重点中转配馆。除转运钦州、防城官盐外，还兼运合浦和雷州半岛部分原盐，甚至部分越南私盐。钦州成为南北原盐转运枢纽。

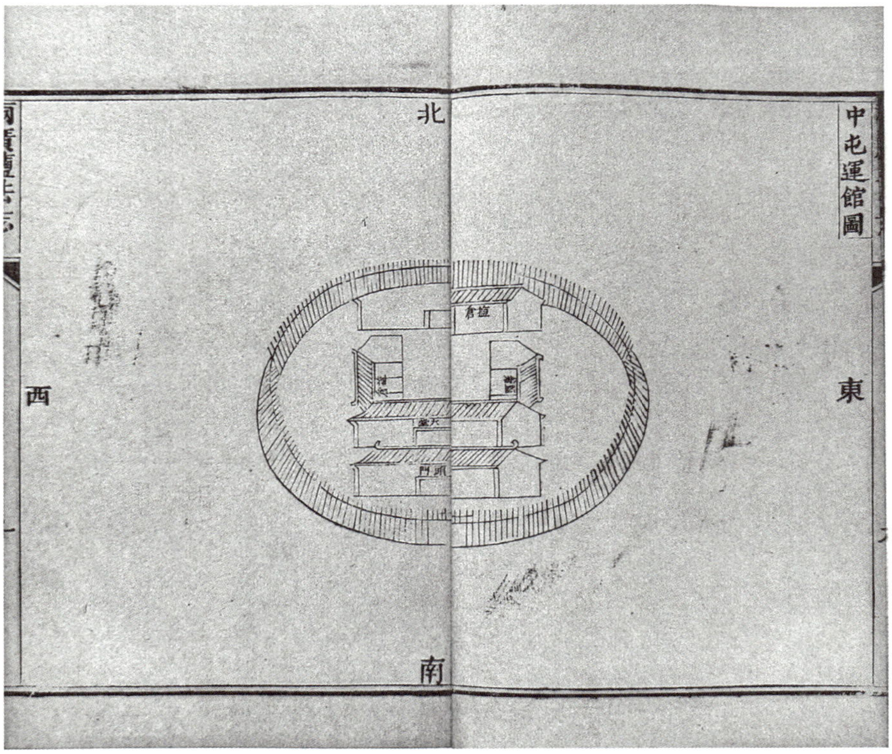

据清道光《钦州志》载：“（钦州）中屯配馆（运馆），州治东七里，收贮场盐，配运江口。”图为《两广盐法志》（道光）中的“中屯运馆图”。

中屯至陆屋运道

据清道光《钦州志》载，中屯至陆屋水道线路如下：

中屯—观峒汛水道—马尾塘水道（马尾塘以下河道属钦州）—平吉汛水道（平吉以上河道属灵山县）—苏屋村水道（在此起驳至陆屋二十五里）—陆屋圩水道，共二百八十里。

陆屋至平塘江口运道

民国《灵山县志·生计志·交通》对邕盐运道有具体记载，“由钦以船逆流运盐至陆屋圩，卸装以牛车运至旧州圩五十里，复以手车或肩挑至沙坪圩四十里，以船载出平塘江口，由西江载上南宁，是为邕盐运路。”

据清道光《钦州志》载，陆屋至新圩陆上运道主要线路：陆屋圩—新村—古牛岭—企山塘—樟水塘—大峒村—三墩石—黄屋村—水浐江—旧州圩—牛营—清水口岭脚—出水岭南脚—出水岭北脚—筒车村西塘堤—筒车村北塘堤—宋泰汛—三渡桥岭脚—思榜村—老江田—堰口—新圩，共车运旱道一百八十五里。

新圩至平塘江口水道主要线路：新圩—三娘汛—欧村—□□□—青草村—平塘江口，以上共一百里，俱水路。

但据清乾隆《廉州府志》载，此道因地处钦江与平塘江之间的分水岭，陆屋至新圩陆上运道的部分路段山径崎岖，坑洼险阻，沟道深陷，商旅难行。因此官府需统筹两广（明清和民国时期，钦州与横州分属两广管辖）相关地方的力量，不时对此路加以维修与治理。

陆屋镇

廖立刚　摄

拍摄地点：灵山县陆屋镇

拍摄时间：2023 年 4 月 13 日

陆屋、旧州、沙坪（含旧圩）、新圩

陆屋、旧州、沙坪（含旧圩）、新圩是陆屋至新圩陆上运道上的要冲，历史上颇为繁盛。

陆屋圩地处水陆要冲，连接钦廉地区与广西南宁、横州、永淳（主要位于今横州市境内）等地，商贸规模冠绝灵山县。桂南地区南宁、龙州等地物产也会通过陆屋圩进入钦廉地区。据民国《灵山县志》："钦江自（灵山）邑流至陆屋圩始可通舟"，"邑之商埠以陆屋为最，有关收杂税，为钦盐及杂货卸船"，"油、豆来自南宁、武缘、永淳等处，由钦至陆屋起运"。清代建有广府会馆（亦称广州会馆）与高州会馆，至今尚存。

"旧州，以当钦盐转运之冲，故亦繁盛。"——民国《灵山县志·生计志·商业》

"旧州圩向无远客通商，只为运盐通衢，每日牛车由陆屋运至圩者二三百驾；由圩运往沙坪者，手车四五百驾，肩挑者不下千余人，有用马驳者，亦不下百数。然盐利不属埠商，只贫人资以食力耳。"——民国《灵山县志·生计志·交通》

"旧圩（属今沙坪镇），为钦盐卸载下船总埠，又土产鸭及竹木诸器亦颇繁盛。"——民国《灵山县志·生计志·商业》

"沙坪江发源于茶山，经太平、宋泰至旧圩、沙坪始通舟。常有驳船数百号，由沙坪运盐出平塘江口。沙坪、旧圩与隔江之新圩三市相距不过半里，沙坪铺户多以屯盐为业。新圩为横界，自咸丰乱后商业尽归旧圩矣。"——民国《灵山县志·生计志·交通》

“平柜”与“南宁分府”

乾隆年间，粤盐改埠归纲，设东、南、西、北、中、平六柜，统辖各埠食盐运销。其中，西柜在梧州，北柜在韶州，中柜在三水，东柜在小淡水厂，平柜在平塘江口，南柜在高州梅菉镇。“平柜”的行盐地有合浦、钦州、灵山、武缘（今南宁市武鸣区）、百色、郁林（今玉林市）、博白、兴业、宣化（今南宁市区和邕宁区）、新宁（今属扶绥县）、隆安、横州、上思和永康（今扶绥县西北）14 埠。

清代，南宁府在平塘江口街设南宁分府，南宁府同知分驻于平塘江口，并设盐税征收处。“广东廉州盐场发运来广西者，皆由此出”（清嘉庆《广西通志》等）。

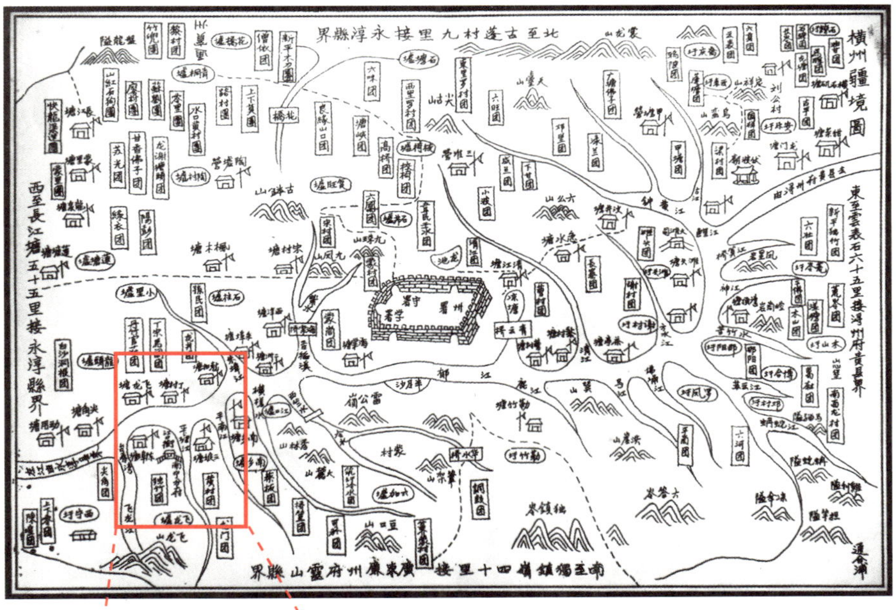

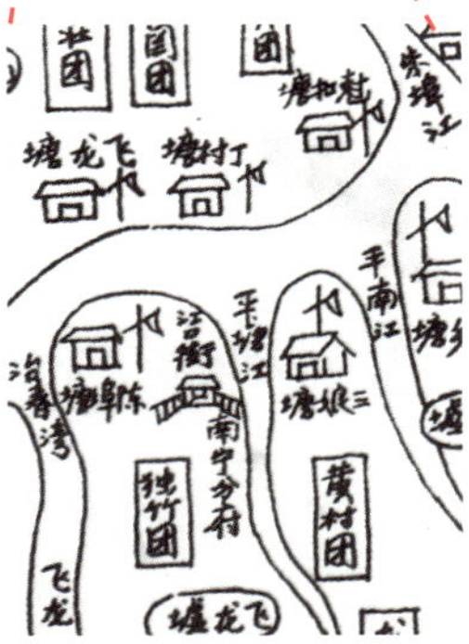

清乾隆《横州志》所载横州疆境图，图示为平塘江口及其放大图。

平塘至南宁、邕宁水路

自汉唐至民国时期，平塘至南宁（邕宁）水路都较为繁忙，南宁各埠头“商贾辐辏，舳舻相望”。其主要水路为：平塘江—飞龙—平朗—顺安—永淳—鹿颈—伶俐—砧板—蒲庙—剪刀—良庆—思贤塘—南宁。（民国《邕宁县志·交通二》）

“自汉唐以降，（盐）□由官厅运鬻卖。或由商埠水客承运行销，均指定地方额数目。我县（邕宁县）食盐，昔日由水客自大江运来……平塘江口，即是吾县生熟盐之来路也。”——民国《邕宁县志·旧税课·盐法》

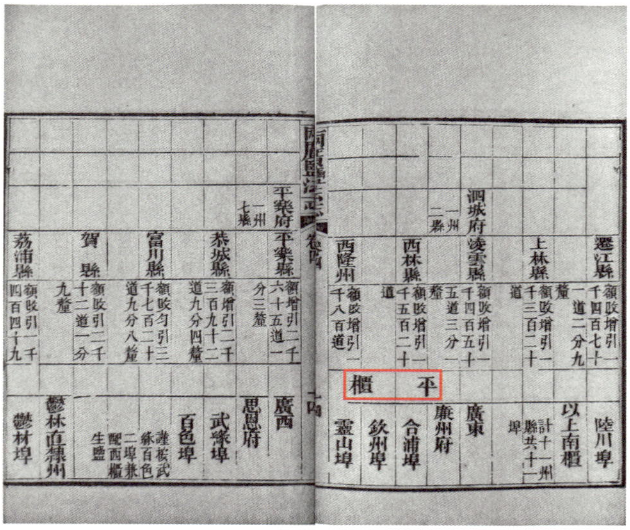

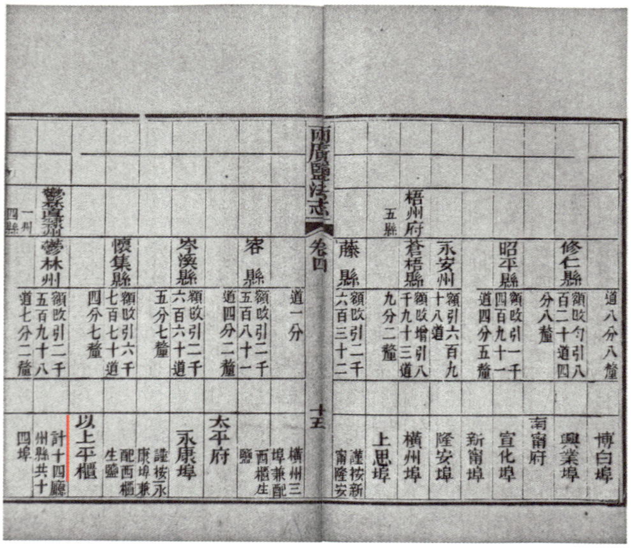

清道光《两广盐法志》关于“平柜”的记载。图为相关书影。

民间私盐贸易通道

盐业不仅是国家经济命脉，也是民众增收的重要渠道。由于历代政府都对食盐征收重税，导致官盐价高而私盐价低，私盐遂有很大的市场。史书中有不少人工担盐从钦州走到邕宁，从廉州走陆路到郁林州，从防城、东兴走十万大山古商道到上思、宁明等地的记录，这是带有走私性质的运盐。这样的景象从清代至民国一直延续着，挑盐的人和货郎们硬是用脚踩出了独具特色的民间私盐贸易古道。正如邕宁民谣唱："难呀难！鸡啼喔喔走长滩（今钦州市钦北区长滩镇）。难呀难！膊头担担上雷岩。难又难！行过半路草鞋烂。难难难！带只饭包某够餐。"挑盐的人挑盐之难，老百姓生活之艰辛，可想而知。

随着历史的变迁，古盐道渐渐由喧闹变得寂静。那些被杂草掩盖的旧台阶在默默诉说着古盐道上的故事。

第二篇

古　迹

韦韩韫

早在旧石器时代，钦州就有人类生活。1960 年考古发现的“灵山人”化石至少已有两万年历史。在今平陆运河的终点附近，发现芭蕉墩贝丘遗址等新石器时期人类生活遗迹。

岁月如梭，时光荏苒，人类不断创造文明，修房建城，发展生产。

西晋时，在今平陆运河的始发点新福镇平塘村江口设简阳县，修建城池。南朝，在今平陆运河沿线建有宋寿县城、宋广县城、安州州城、安京郡城等。隋唐时期，宁氏豪族掌握政权，加强钦州州城的修建。

此后，历朝持续维修、扩建今平陆运河沿线各州、郡、县城池，修筑民房，发展经济，繁荣商贸。其中，宋代在今钦州市区设置的钦州博易场，是重要的国际贸易中心之一，外通交趾（今越南）、占婆（今越南中部）、真腊（今属柬埔寨），内达邕（南宁）、广（广州）、湖湘。明清时期，大批广府人、福建商人和渔民溯西江而上，沿南流江或沿海岸来到钦州经商，商帮很多，建有一大批商铺和多处会馆。同期，钦州是北部湾海防体系的重要组成部分，修建有乌雷、鹰岭等炮台和烽火台。清代，涌现出刘永福、冯子材等抗法名将。民国时期，改建城区，东以中山路、西以人民路为重点，由北向南，以一马路、二马路、三马路、四马路东西横贯辟成“目”字形街道，街道两边修建的大多是骑楼，为钦州的商业中心。这一时期，钦州也涌现了一批高级军政官员。

沧海桑田，至今平陆运河沿线仍保留有南朝以来的故城遗址，明清以来的民居、会馆、街道、护城河、码头、水井、庙宇、亭台、名人故居、炮台等古迹，镌刻下钦邕水陆古盐道历史发展的江海印记。

一、古城遗址

南朝宋寿县故城遗址

南朝宋寿县故城遗址位于钦州市钦北区平吉镇古城角村，南距安州故城遗址约 3 千米。城址内有游、郭、颜三姓人居住，房屋呈品字形布局，统称古城角村。南北城垣已无痕迹，东西城垣轮廓尚存。城址略呈长方形，南北宽约 120 米，东西长约 160 米，总面积 1.92 万平方米。城垣为夯土墙，残高 1.5~2 米，残宽 5~8 米，部分护城壕残宽 8 米。1983 年，自治区文物工作队从地表采集到较厚的青瓦片及薄砖。1984 年被定为县级文物保护单位，1999 年被定为市级文物保护单位。

南朝宋元嘉二十二年（445 年），一说为南朝宋大明四年（460 年），在今钦州市境东部置宋寿郡（治今钦州市钦北区平吉镇古城角村），辖宋寿县（与郡同治）、宋广县（治今灵山县陆屋镇）。此后，在这里设县治所共 500 余年。

钦州老街
廖立刚　摄
拍摄地点：钦州市
拍摄时间：2023 年 2 月 9 日

南朝安州故城遗址

南朝安州故城遗址位于钦州市钦南区久隆镇东坝村东北。城垣坐北向南，近似正方形，以残墙顶部中线为准，每边长约 170 米，总面积 3.6 万平方米。城址内外早已辟为坡田，村民种植甘蔗、水稻等作物，但整座城垣保存比较好，其中塌陷 5 处，约 20 米，残墙高 3~6 米，底宽 6~20 米，顶宽 2~7 米，墙以板筑法分层夯筑而成，土层层次分明，每层厚 10~12 厘米，横剖面呈梯形。城内地面高出城外地表 2~3 米，有南北两座城门，城垣四角有谯楼遗迹。城外南、北、西三面有护城壕，宽约 10 米，深约 3 米。城东无护城壕痕迹，但临江，且地势较低，已成天然城壕。南门外有一座古庙遗址，城东北角有一口遗弃的黄沙井，西南角有一水道口，排水入城西护城壕。1977 年，自治区文物队采集到鎏金小佛像、莲花瓣瓦当、席纹陶片、绳纹砖等，多属隋唐时期的文化遗存。

南朝梁普通四年（523 年），一说为梁中大通四年（532 年），在此地设安州，建州署，这是今钦州市境设州之始。隋开皇十八年（598 年），安州改名钦州，取钦顺之义而名州，一说取钦江为名，此乃钦州得名之始。同年，废宋寿郡改为钦江县（一说由宋寿县改钦江县）。唐元和年间（一说为贞观十年，即 636 年），钦州迁治南宾砦（今灵山县旧州镇）。由于安州辖钦江县，人们就把安州故城认为也是钦江县故城。1981 年，自治区人民政府以“钦江县故城遗址”之名将其定为自治区级文物保护单位。

俯瞰故城遗址
廖立刚　摄
拍摄地点：钦州市钦南区东坝村
拍摄时间：2024 年 7 月 9 日

隋朝钦州故城遗址

隋朝钦州故城遗址位于灵山县旧州镇政府的西边，距镇人民政府约 150 米。故城遗址长 270 米，宽 135 米，总面积约 3.64 万平方米。城垣底宽 14 米，顶宽 8 米，高 5 米左右，有砖瓦、陶器、金属器等文物出土。钦州故城城墙由

泥土筑就，有东、南、西、北 4 个城门，城内是砖瓦结构的楼房，有瞭望台、护城河。由于年代久远，存留的只有垅筑的城墙和残碎的砖瓦。1981 年被定为自治区级文物保护单位。

旧州镇隋朝钦州故城遗址
廖立刚　摄
拍摄地点：灵山县旧州镇
拍摄时间：2022 年 6 月 15 日

宋至清代、民国钦州城

宋天圣元年（1023 年），钦州由南宾县迁治安远县，即今钦州市区。这是钦州在今址建城之始。宋钦州城为南北走向，呈垂直椭圆形，有高大厚实的城墙，城外环绕护城河，城内建有官署、粮仓、店铺、沟渠等。宋嘉祐八年（1063 年），知州陶弼于壕中筑堤贮水，把城壕分割为五大块，称为东、南、西、北、中五湖，并作有“七堤环绕四城隅，限隔烟波作五湖”诗句。元代，重建钦州总管府，在南门外建甘棠亭、周南亭、召南亭和“洛”“阳”两个景观池。明代，城墙改砌大青砖，重建州署、儒学，建设学宫、文昌阁和多所社学、一批桥梁等。明嘉靖《钦州志》载：“大明洪武四年修筑环围五百九十四丈五尺，高二丈四尺五寸，基厚二丈五尺。三门。”清代，建设东坡书院、常平仓、广州会馆、万寿宫、十余座桥梁和多个渡口等。

民国时期，钦州城建有公园、医院、图书馆、电影院、运动场、汽车站，并改建了道路等。至今，钦州城仍存部分古城墙、护城河、亭台、民居、会馆、街道、码头、水井、庙宇等。现建有宋城墙遗址公园。

民国二十三年（1934 年）始建的钦州中山路骑楼街区，主要分布在今钦南区境的钦江以西老城区，是民国时期钦州最繁华的商业街。现这里的骑楼保存较为完整。中山路连接着一条老街叫占鳌巷。这条街曾住着一些随刘永福老将军征战沙场阵亡将士的遗孤遗孀，因此又有别称“寡妇街”。有一年天灾，刘老将军去探望这条街的街坊，街坊们很是欢喜。但当得知他们已经好些天颗米未沾，且借赊无门，仅仅因为他们是“寡妇街”的人时，老将军顿时老泪纵横。于是立刻命随从开仓发粮，还颁令将此街命名为“占鳌”，寓意常打胜仗，独占鳌头。占鳌巷作为老城区的组成部分，这是它曾经有过繁荣的景象。

钦州的第一家旅社，就坐落在占鳌巷 8 号的位置上。民国时期，曾任粤军营长、旅长，广东南路讨贼军第二师师长的苏廷有（1879—1939，钦州市钦北区平吉镇牛江村人）旧居位于占鳌巷52号。苏廷有旧居修建于民国时期，建筑面积678平方米，分前座和后座，前座分上下2层楼，每层有5个房间。前座有一座前亭，前亭两边已改建；后座已改建。前座与后座之间有一个庭院，两座旁有一条通道。仿西式风格，砖木结构，保存比较好。黄文澜旧居位于占鳌巷37号，黄文澜是刘永福的家庭教师。旧居建于民国二十五年（1936年），坐东向西，总占地面积350平方米，一进一院，现有房屋两栋共12间，均为硬山顶，青砖木，灰色布瓦盖顶的二层构筑。主体结构基本保持原貌。

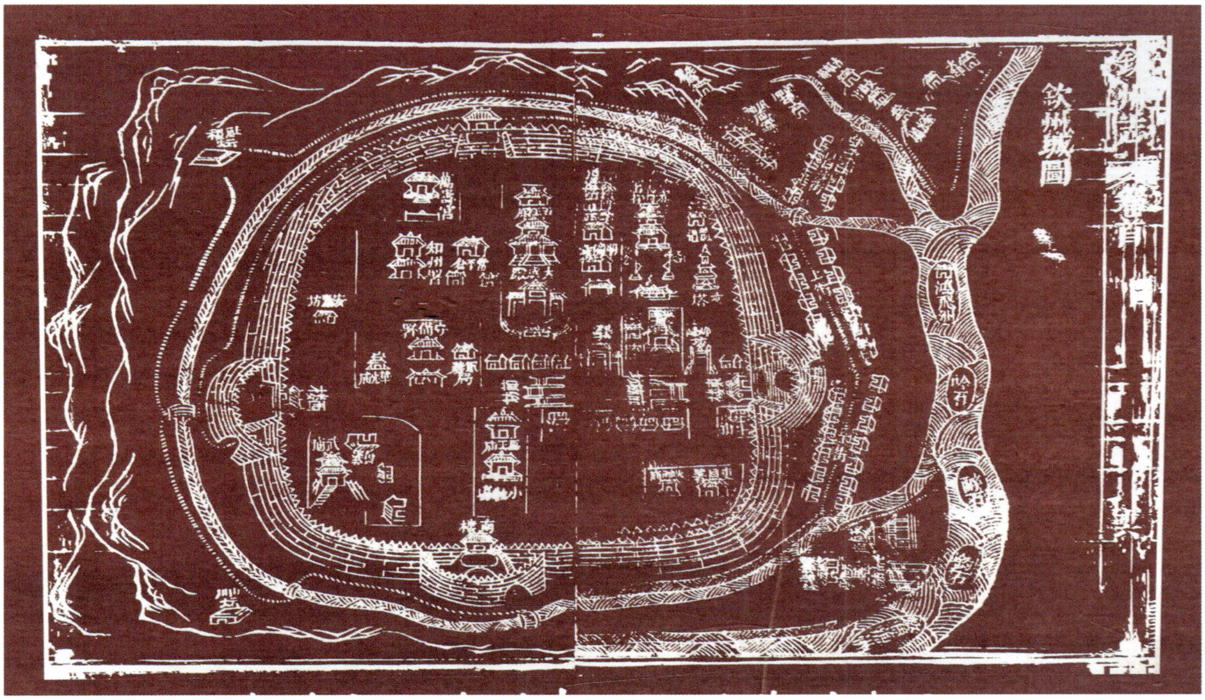

清道光《钦州志》的钦州城图

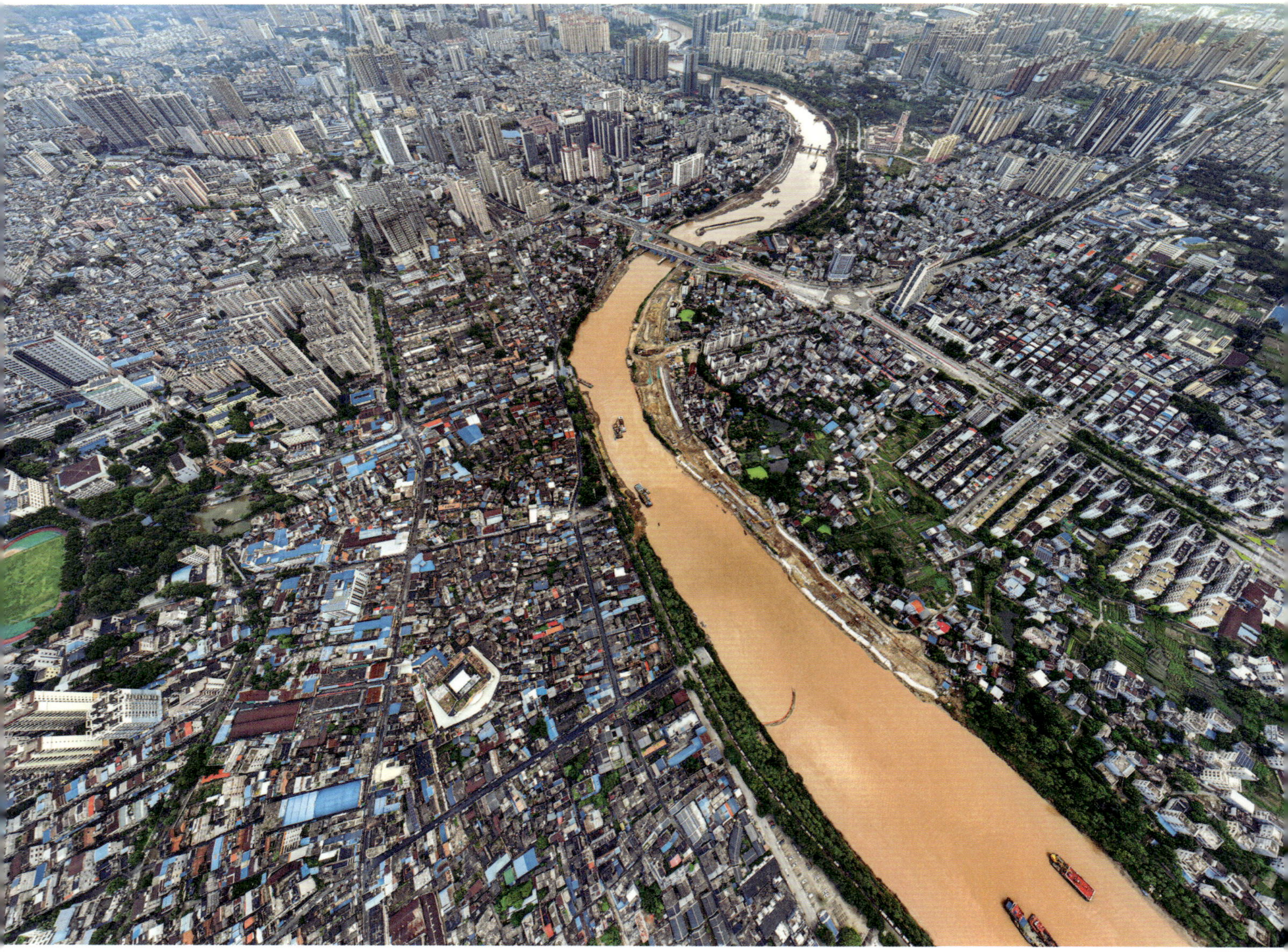

俯瞰钦州老城区

廖立刚　摄

拍摄地点：钦州市

拍摄时间：2022 年 6 月 15 日

二、会馆

陆屋广府会馆

陆屋广府会馆始建于清乾隆九年（1744 年），先后经历乾隆、嘉庆、道光、光绪 4 次重修。明末清初，广府人在陆屋的经济活动日益频繁，为方便交易及维护自身利益，众人集资兴建了广府会馆，供广府商人往来经商联络之用。如今，广府后裔在陆屋仍有20多户，有周、李、王、岑、邹、刘等姓氏。数百年来，广府人与会馆互相守望，乡风犹存。会馆坐西向东，呈长方形，沿中轴线对称布局，分前、中、后三进，中有两天井，即“三进两天井”。砖木结构，硬山搁檩，青砖灰砂屋顶，琉璃檐瓦头。前厅墙内嵌有清四朝重修广府会馆石刻碑记，文字详尽；前、中、后三厅山墙及檐墙均有彩画及诗词，内容为神仙人物、古代圣贤，浓墨重彩，是典型的岭南风格。天井地面以平整花岗石条铺装，中厅 4 梁楹以四根巨大铁力木落于石柱础支撑。2010 年，广府会馆被定为县级文物保护单位。

陆屋广府会馆大门
黄景颖　摄
拍摄地点：灵山县陆屋镇
拍摄时间：2022 年 6 月 19 日

陆屋广府会馆内景

廖立刚　摄

拍摄地点：灵山县陆屋镇

拍摄时间：2022 年 6 月 19 日

陆屋高州会馆

陆屋高州会馆始建于明末清初，由在陆屋经商的广东高州人出资建设，今除右侧厢房倒塌之外，主体保存完好。会馆由两部分构成：前院小广场和主体建筑。主体建筑坐西向东，呈长方形，沿中轴线对称布局，分前、中、后三进，前为大天井，后为小天井，右侧有厢房。为砖木结构，硬山搁檩，青砖灰瓦白墙。前厅有七级台阶，门墩与门簪浮雕精美，硬木门框立于门墩之上。前、中、后三厅的青砖灰瓦白墙保存完好，三厅及天井地面都由青砖铺装。高州后裔今在陆屋有200多户，有劳、陈、黄、梁、温、叶、李、苏、程、朱等姓氏，人们逢婚嫁大事仍聚集会馆。

陆屋高州会馆
廖立刚　摄
拍摄地点：灵山县陆屋镇
拍摄时间：2022年6月19日

陆屋高州会馆内景
廖立刚　摄
拍摄地点：灵山县陆屋镇
拍摄时间：2022年6月19日

钦州广州会馆

广州会馆位于钦州市中山路24号，始建于清乾隆四十八年（1783年），道光十四年（1834年）、光绪十六年（1890年）两次重修，属明清庭院风格。“广州会馆”四字大石匾，镶嵌在主座中轴线正门顶上，为清乾隆年间状元、书法家庄有恭（广东番禺人）所书。会馆面阔三间，进深二座，占地面积1180平方米。为砖石木结构单檐平房。硬山顶，清水磨砖墙。主座分前后两大厅，各厅左右对称，设2米宽的东西向通道，厅前台基为须弥座。栏杆、望柱、垂带踏步等，皆为花岗岩精制而成，上刻缠枝牡丹、珍禽瑞兽，线条流畅，造型生动。每幅浮雕、每组壁画，都是一件精美的艺术品。前后两厅均为六架前檐廊，硬山顶。大厅两侧是厢房，两厅之间是阳台式天井，天井两旁是小客厅。室内外10余对木、石承重柱头造型各异。广州会馆1982年被定为县级文物保护单位，1999年被定为市级文物保护单位，2017年被定为自治区级文物保护单位。

钦州广州会馆鸟瞰图
廖立刚　摄
拍摄地点：钦州市
拍摄时间：2024年7月10日

三、名人旧居

刘永福旧居

刘永福旧居又名三宣堂，位于钦州市板桂街 10 号。刘永福（1837—1917）当年援越抗法有功，被越王封为三宣提督，主管越南宣光、兴化、山西 3 省军事。战争结束刘永福回国，于清光绪十七年（1891 年）在钦州营建公馆，取名三宣堂，以纪念其援越抗法的光荣历史。三宣堂占地面积 2.27 万多平方米，建筑面积 5600 多平方米，大小厅房 119 间，四周有高达 4 米的围墙。头门向东临江。进头门经一条 30 多米的过道是二门；二门为 2 层楼房，进深 4 米，面阔三间，中间是门，两边是房；二门后右侧是占地 1000 多平方米的谷仓，主建筑与谷仓并排相连，坐北向南，门前是 80 多米宽的广场；广场后是高 4 米、宽 24 米的照壁；照壁后是 8000 多平方米的菜地。主建筑三进，纵深 60 多米，宽 50 多米，通高 14 米，硬山顶，中国式圆柱瓦檐。左、右、后三侧有厢房围绕，各厢互通，连成一个以主座为中心的整体。主建筑四周墙上枪眼密集，与围墙四角的炮楼枪眼遥相呼应，构成严密的防御体系。主建筑前座的门顶有“钦赐花翎”金字直匾。中座一厅两房，纵轴线上的明间过厅是单层，左右是对称的二层楼房，右侧是刘永福的卧室。刘永福旧居 2001 年被定为全国重点文物保护单位，2009 年被定为全国爱国主义教育示范基地。

刘永福旧居大门
廖立刚　摄
拍摄地点：钦州市
拍摄时间：2024 年 7 月 10 日

刘永福旧居鸟瞰

廖立刚　摄

拍摄地点：钦州市

拍摄时间：2024 年 7 月 10 日

冯子材故居

冯子材故居位于钦州市白水塘社区内，约建于清光绪元年（1875 年），是民族英雄冯子材（1818—1903）重组萃军开赴抗法前线的总部，取得镇南关大捷的出发地。院落主体建筑为砖木结构普通平房，坐东向西，分前后两座，前座今为沙尾街 133 号，后座为 144 号。占地面积约 15 万平方米，建筑面积 2020 平方米。在院落入口处有一条直达钦江的密道，北侧有民国时期冯氏后人加盖的二层楼房。整个院落于 1983 年被定为县级文物保护单位，1999 年被定为市级文物保护单位，2001 年被定为全国重点文物保护单位。

故居内的冯子材塑像
廖立刚　摄
拍摄地点：钦州市
拍摄时间：2024 年 7 月 10 日

冯子材故居大门
廖立刚　摄
拍摄地点：钦州市
拍摄时间：2024 年 7 月 10 日

鸟瞰冯子材故居

廖立刚　摄

拍摄地点：钦州市

拍摄时间：2024 年 7 月 10 日

四、其他遗址

钦州天涯亭

天涯亭位于钦州市钦州镇中山公园内。传说为宋治平年间（1064—1067年）知州陶弼始建，因“钦地南临大洋（北部湾），西接交趾，去京师万里，故以天涯名，与合浦之称为海角者一也”。天涯亭初建于城东平南古渡头，经过3次迁移和多次修葺。因毁，于南宋淳熙四年（1177年）至宝庆三年（1227年）间迁建于东门月城之上。此为初迁。一说在明洪武五年（1372年），由同知郭俊从平南古渡头把亭迁至东门月城之上。明清时期，历任知州不断重修。二迁于清顺治十七年（1660年）至康熙五年（1666年）间，知州喻三畏因亭毁而复建于原址平南古渡头。三迁于民国二十三年（1934年），县长章萃伦因辟街道、修马路，迁建于中山公园西湖与南湖之间的“龙墩”之上，即今址。时广东省民政厅厅长林翼中曾赠题匾额：宋迹三迁。新中国成立后，“文化大革命”时林翼中所书匾额遗失，今悬挂的“宋迹三迁”匾是中国书法家协会会员、著名书法家王兆儒所书。天涯亭夹于青山绿水中，为历代到钦州的文人雅士最关注的地方之一，他们或赋诗以言志，或填词以寄怀，留下佳作颇多。今存天涯亭为六角形，宽4米，高5米多，石柱木梁琉璃瓦。1982年被定为县级文物保护单位，1999年被定为市级文物保护单位。

钦州天涯亭
陈彦均　摄
拍摄地点：钦州市
拍摄时间：2024年7月30日

平南古渡

平南古渡原位于钦州市旧城区钦江东西两侧，东渡口在沙埠镇大路街村，西渡口在现在钦州市房管所大楼前河堤路上，跨江宽约 150 米，旧时有木船 2 艘交替往来，因人流比较多（与沙塘渡和沙港渡比较而言），故人们也称它为大渡口，现残存东渡码头，西渡码头无遗迹。东渡码头残存东西长 8.5 米，南北宽 4.5 米。古渡始建于明朝嘉靖年间（1522—1566 年），清咸丰年间（1851—1861 年）政府和百姓集资重修。钦州“南临大洋，西接交趾”，是祖国的南大门。自东汉至明清，海寇、敌军屡次犯钦，宋代钦州知州陈永龄、推官李英，明代百户谢惠、许镇殉职。明朝嘉靖年间进行了“征南”和“平南”二次战役，皆有碑记为凭，后人把队伍聚集的地方叫平南渡，在队伍上船出征的渡口建一个石牌坊，即建在今钦江东西渡口码头上。石牌坊四柱三间，顶书楷体“平南古渡”四字，坊下立碑记两方，一方是《征南碑记》，署“嘉靖二十年”（1541 年），另一方是《平南碑记》，署“嘉靖戊申”（嘉靖二十七年，即 1548 年）。牌坊、碑记等均于 1973 年修建河堤时被拆除。2020 年，钦州市政府重建平南古渡。

平南古渡码头遗址
钦州市地方志办公室供图

1950 年平南古渡浮桥
钦州市地方志办公室供图

平南古渡

廖立刚　摄

拍摄地点：钦州市

拍摄时间：2024 年 7 月 10 日

钦州博易场遗址

钦州博易场遗址位于钦州市大路街附近（即平南古渡旁）。钦州在宋代遂成为内屏廉、雷、化等州，外扼交趾海路的重要边地。周去非《岭外代答》卷二、卷五中提及“博易场在城外江东驿”。钦州水陆皆可通交趾，陆上与交趾永安州交界，海路亦可通永安州，交趾人自海港出发，遵崖而行，朝发暮到，非常便捷。早期廉州贸易繁荣，后期钦州贸易繁荣，据《岭外代答》载：“异时安南舟楫多至廉”，但“后为溺舟，乃更来钦”。宋王朝于钦州设置巡检司，还在钦州港口置抵棹寨盘查往来船只。钦州博易场对外商贸发达，贸易对象主要是越南商贾，交易货物主要有金银、铜钱、沉香、光香、熟香、生香、珍珠、象齿、犀角。可见，钦州博易场是沟通内地与沿海、北部湾与东南亚各国贸易的重要枢纽。

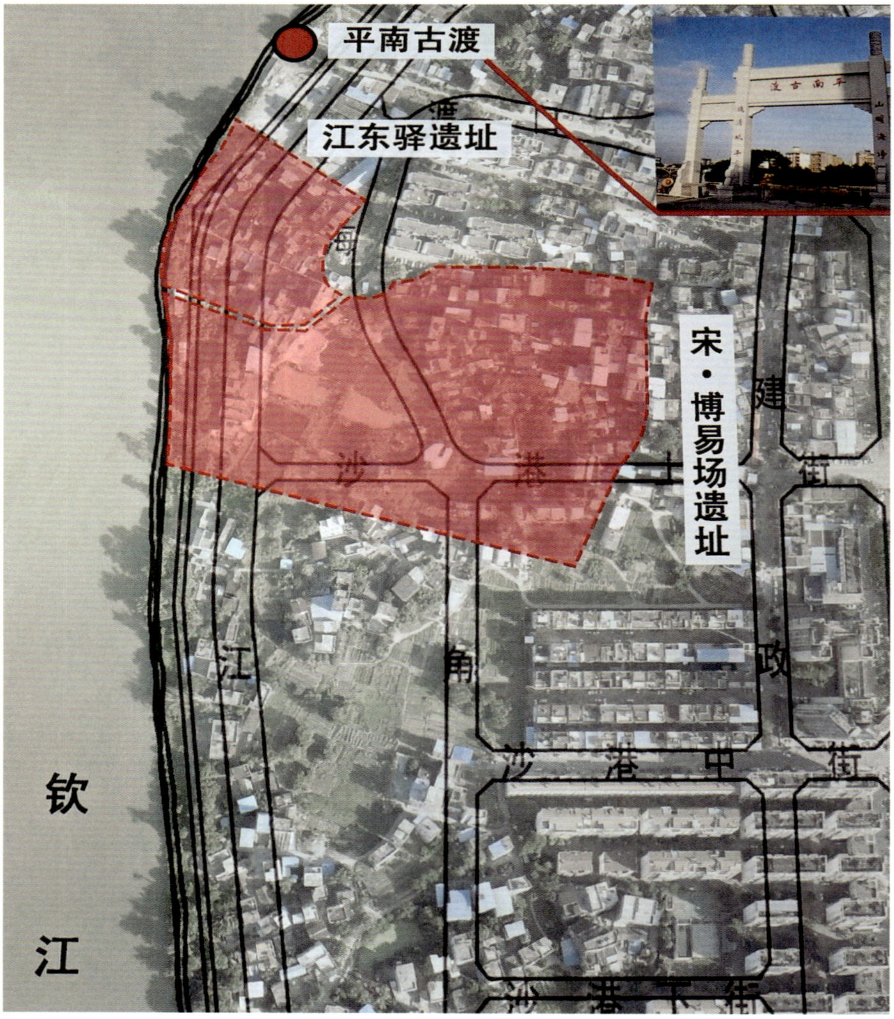

钦州博易场遗址示意图
钦州市地方志办公室供图

钦江古龙窑

钦江古龙窑位于钦州市钦南区的缸瓦窑村，全长约80米。明洪武四年（1371年）前后，缸瓦窑村民始建第一座古龙窑。此后，600多年间共修造了9座古龙窑。现有2座古龙窑仍有遗址可寻。1958年村民在钦江边重建古龙窑，柴烧坭兴陶，传承千年坭兴陶技艺。

钦江古龙窑
廖立刚　摄
拍摄地点：钦州市
拍摄时间：2022年3月10日

文峰卓笔塔

文峰卓笔塔位于钦州市钦南区文昌居委会的尖山上，原塔始建于宋代，民国二十八年（1939 年）冬日军犯钦时拆毁，现塔于民国三十六年（1947 年）重建。为攒尖顶砖塔，状似笔锋，青砖砌体，水泥砂浆抹面，平面呈圆形，底径 7 米，占地面积 28.3 平方米，塔高 6.4 米，内高 4.5 米，四面均有 1 个高 1.7 米、宽 60 厘米的券顶门。文峰卓笔塔是钦州古八景之一、文人雅士游览之地，所留题咏甚多。1999 年被定为市级文物保护单位。

文峰卓笔塔
钦州市地方志办公室供图

城内街古井

城内街古井位于钦州市钦南区城内街二巷 7-13 号之间，城内街古井处地势较高，距离钦江约 1000 米。古井始建于清代，井口呈方形，井口之下平面呈圆形，井壁用青砖围砌而成，井口长宽为 70 厘米 × 65 厘米，深度约为 7 米，占地面积为 21.66 平方米。水质清醇、甘甜，一直被当地居民使用。

城内街古井
廖立刚　摄
拍摄时间：2024 年 7 月 30 日

第三篇

沿　革

柳玉秀

周珍朱

平陆运河始于南宁横州市西津库区平塘江口，跨沙坪河与钦江支流旧州江分水岭，经钦州市灵山县陆屋镇沿钦江干流进入北部湾海域，全长 134.2 千米。其中南宁横州市段约 19.6 千米，钦州段约 114.6 千米。途经南宁横州市，钦州市灵山县、钦北区、钦南区 4 个县（市、区），依次经横州市新福镇、南乡镇，钦州市灵山县沙坪镇、旧州镇、陆屋镇，钦州市钦北区青塘镇、平吉镇，钦州市钦南区久隆镇、沙埠镇、大番坡镇、龙门港镇等。

平陆运河起点所在的横州市，由于地处郁江沿岸，水运便利，故早在汉代，便在这里设置了安广县，安广县故治在今横州市治，是横州市建置之始。隋朝时，设置了简州，唐朝以横槎江为名，改名横州。往后历代，曾经作为州——“横州”存在千年。

运河终点钦州市历史上长期属边疆前沿地带，“地接交趾，南临大洋”。沿海沿江沿边的独特地域优势，造就了钦州成为古丝绸之路的海陆通道。南朝宋元嘉二十二年 [445 年，另一说为隋开皇十七年（597 年）]，置宋寿郡及宋寿县，治所皆在今钦州市钦北区平吉镇古城角村。这是钦州市建置之始。梁置安州。隋开皇十八年（598 年），改安州为钦州。改名有两种说法：一是“取钦顺之意”，即维护归顺王朝统一；二是因有钦江而得名。后改为宁越郡。唐武德五年（622 年），改宁越郡为钦州。往后千年，钦州在行政区划的级别上虽有升降，但地名一直延续下来。钦州的州治也经历了多次变迁。唐贞观十年 [636 年，另一说为宋开宝五年（972 年）]，钦州治所从今久隆镇上东坝西北处迁往灵山县南宾砦（今灵山县旧州镇）。宋天圣元年（1023 年），钦州推官徐的，鉴于州治南宾砦“地卑气郁，人多死于瘴疠”，议迁安远县城南二里（今钦州市区）。宋朝廷准议，并命徐的主持建筑州城。此后，钦州州治基本稳定在今钦州城区。

一、县（市）区沿革

横州市

平陆运河起点在横州市新福镇平塘村委江口街，流经新福、南乡两镇，境内运河长度约 19.6 千米。

横州市位于广西东南部，南宁市东部。东连贵港市覃塘区、港南区，南接钦州市灵山县、浦北县，西界南宁市邕宁区、青秀区，北接南宁市宾阳县。全市总面积 3464 平方千米。境内有 34 条主要河流，均属西江水系，最大的为郁江。

今横州市境秦时分属桂林郡、象郡。秦末汉初，今横州市属南越国地。汉元鼎六年（公元前 111 年），属广郁、合浦、安广、平山等县地，分别隶属郁林郡、合浦郡。安广县故治在今横州市治，是横州市建置之始。三国时代，属吴国辖地。

晋太康七年（286 年）置宁浦郡，治所宁浦。南北朝时，梁天监年间（502—519 年），分宁浦郡地，增置简阳郡。

隋开皇十一年（591 年）置简州。后废。唐武德四年（621 年），复置简州，后更名为南简州。唐贞观八年（634 年），以横槎江为名，改南简州为横州。此为横州得名之始。州治从郁江南岸迁至今横州市区。

五代十国属南汉。宋为横州。

元至元十六年（1279 年），横州升为横州路。

明洪武元年（1368 年），横州改隶浔州路。洪武二年（1369 年），隶浔州府。后改隶南宁府。清朝，仍称横州和永淳县，属南宁府。

民国元年（1912 年），横州改名横县。

新中国成立后，先后属南宁专区、宾阳专区。1952 年，并入永淳县部分行政区域，先后属邕宁专区、南宁专区、南宁地区、南宁市。

2021 年，撤销横县，设立县级横州市，以原横县的行政区域为横州市的行政区域。

2023 年，横州市辖横州、峦城、南乡、六景、百合、那阳、莲塘、平马、新福、石塘、陶圩、校椅、云表、马岭、平朗、马山 16 个镇和镇龙乡，设 32 个社区居民委员会、276 个村民委员会。2023 年末，全市户籍人口 126.23 万人。

运河就在家门前

范先芳 摄

拍摄地点：横州市城区

拍摄时间：2022 年 9 月 12 日

钦州市灵山县

平陆运河在钦州市灵山县境内经沙坪、旧州、陆屋3个镇，经旧州江在陆屋镇汇入钦江。运河在灵山县境内约36.5千米。在县内设有马道枢纽、企石枢纽。

灵山县地处广西南部，东邻钦州市浦北县，南靠北海市合浦县，西连钦州市钦南、钦北区，北接南宁市邕宁区和横州市。全县总面积3558平方千米。县境内主要有六万大山和十万大山余脉。县内河流分沿海（北部湾）、沿江（西江）两大水系。沿海水系有钦江、南流江、大风江、茅岭江。其中，钦江主干流发源于灵山县境，境内长93千米。

灵山县秦时属象郡，汉初属南越国地，汉元鼎五年（公元前112年）属合浦郡。晋属交州合浦郡地。南朝宋元嘉二十二年（445年），置宋广县（治今陆屋镇古城村），隶属同年设置的宋寿郡（治今钦州市钦北区）。梁中大通四年（532年），置宋广郡，与宋广县同驻今陆屋，隶属安州。隋开皇十七年（597年），宋广郡、县废改为新化县，隶安州。次年，新化县又改为内亭县，隶钦州，并置南宾县（治今旧州镇）。唐贞观十年（636年），钦州迁治今县旧州镇，南宾县迁治今县西北峰子岭南（今灵城街道棠梨村），因县治有西灵山（今称六峰山）而更名灵山县。宋治平二年（1065年），灵山县从峰子岭迁治石六寨（六峰山）东面（今县城），属广南西路。

元至元十七年（1280年），灵山县属钦州路。清朝，隶属廉州府。明朝以后至新中国成立初期，包含今灵山县在内的钦廉地区转由广东管辖。

1951年，灵山县随同钦廉专区委托广西省代管。1965年，灵山县改属广西壮族自治区钦州专区。1994年至今，灵山县改属钦州市。

2023年末，全县辖新圩、佛子、平山、石塘、丰塘、平南、烟墩、檀圩、那隆、三隆、陆屋、旧州、太平、沙坪、武利、文利、伯劳17个镇和灵城、三海2个街道，设村委会358个、社区居委会53个。2023年末，全县户籍人口169.22万人。

内流传着采茶戏、跳岭头、舞狮等非物质文化遗产。

中国传统村落大芦村系钦州市灵山县佛子镇下辖行政村，是广西三大古村镇之一，大芦村劳氏古宅历史悠久，是广西保护最完好、规模最大的明清建筑群。大芦村内流传着采茶戏、跳岭头、舞狮等非物质文化遗产。

大芦村劳氏古宅
廖立刚 摄
拍摄地点：灵山县
拍摄时间：2014 年 7 月 9 日

钦州市钦北区

平陆运河钦州市钦北区段长约35千米，途经青塘、平吉2个镇和主城区长田、子材、鸿亭3个街道。境内有平陆运河三大枢纽之一的青年枢纽。

钦北区位于钦州市西北部，属钦州市辖区。东邻灵山县，西连防城港市防城区、上思县，南毗钦州市钦南区，北接南宁市良庆区、邕宁区。是钦州市的北大门，扼大西南出海通道之要冲。

秦，钦北区境属象郡地。

西汉初，属南越国。

西汉元鼎六年（公元前111年）至晋朝，属合浦郡合浦县地。

南朝，分合浦郡合浦县西部之地置宋寿郡及宋寿县，郡、县治所在今平吉镇牛江村民委员会古城角村，这是钦北区境的最早建置。宋寿郡辖域相当今钦州市钦南区（含钦州港经济开发区、三娘湾旅游管理区）、钦北区、灵山县及防城港市（上思县除外）境域。梁普通四年（523年）划出宋寿郡宋寿县西部设置安京郡和安京县，安京郡辖域相当今区境板城镇、小董镇、大垌镇一线以西地区及防城港市（上思县除外）等地，郡、县治所在今钦北区板城镇古窦岭（古称安京山）下，隶安州。

隋、唐、宋时期，境内分设安京县（唐朝改为保京县，宋朝初名为安京县，后名为安远县）和钦江县（宋并入灵山县），隶属钦州。

元朝，境内设安远县（约占钦北区境2/3）、灵山县（约占钦北区境1/3），隶钦州。

明朝，属钦州府（钦县、钦州）。清朝，先后属钦州和钦州直隶州。民国元年（1912年），撤销钦州直隶州置钦县，直隶广东省，钦北区境属钦县。

新中国成立后，1949年12月至1957年3月，境内大部分属钦县、小部分属防城县。1957年3月至1958年11月，在境内设钦北僮族自治县。境内大部分属钦北僮族自治县，小部分属钦县。1963年9月至1965年7月，属钦州僮族自治县。1965年7月至1983年10月，属钦州县。1983年10月至1994年6月，属县级钦州市。1994年6月，撤销钦州地区和县级钦州市，设立地级钦州市及其所属的钦南区、钦北区。钦北区因辖区位于钦州市北部而定名。

2023年钦北区辖板城、新棠、长滩、小董、大垌、那蒙、大寺、贵台、大直、平吉、青塘11个镇，长田、子材、鸿亭3个街道，22个社区，161个村委。行政区域面积2240.17平方千米。2023年末户籍人口约88.20万人。

钦州市钦南区

平陆运河钦州市钦南区段约 43.1 千米，途经久隆、沙埠、大番坡、龙门港 4 个镇和向阳、水东、文峰、尖山 4 个街道。在龙门港入海。

钦南区地处广西南部沿海中段，位于钦州市西南部。钦南区境东南是北海市合浦县，东北是钦州市灵山县，南面是钦州湾，西南为防城港市防城区，西北为防城港市上思县，北面是钦州市钦北区。

今钦南区域秦属象郡地，汉至晋属合浦县。南朝宋元嘉二十二年（445 年）属宋寿郡宋寿县，历经梁、隋、唐、五代、宋、明、清各朝代，域内先后分属宋寿县、玉山县，钦州钦江县、玉州玉山县，钦江县、海安县、乌雷县，灵山县、安京县（安远县），钦州直隶州。民国元年（1912 年），撤钦州直隶州设置钦县，属钦县。民国九年（1920 年），直隶广东省。民国末年，属广东省钦县。新中国成立初期沿袭旧制。1951 年 5 月，由广西省代管，1952 年 3 月，正式归广西省管辖；1955 年 5 月，复属广东省管辖。1957 年 7 月，黄屋屯镇区域划归钦北僮族自治县。1958 年 11 月，随钦北僮族自治县并回钦县。1963 年 9 月，属广东省钦州僮族自治县。1965 年 7 月，属广西僮族自治区钦州县。1983 年 10 月，属县级钦州市。1994 年 6 月，设立地级钦州市及其所属的钦南区、钦北区。钦南区因辖区位于钦州市南部而定名，为市人民政府驻地。

2023 年，钦南区辖沙埠、康熙岭、犀牛脚、黄屋屯、大番坡、久隆、那丽、东场、那彭、那思、龙门港 11 个镇，水东、文峰、南珠、向阳、尖山 5 个街道，28 个社区居委会，130 个村委会。行政区域面积 2596 平方千米，海岸线 562 千米。2023 年末，钦州市钦南区户籍人口 67.76 万人。

二、乡镇简介

新福镇

平陆运河起点位于横州市新福镇平塘村委江口街。平陆运河在新福镇辖区内的里程为 19.6 千米，其中 5 千米为新福镇与南乡镇共同拥有，涉及新福镇的平塘、丕地、团富、三阳 4 个村委和新福社区。

新福镇位于南宁横州市西南部，横州市、南宁邕宁区、钦州灵山县边界的三角地带，镇政府距横州市区 53 千米，距首府南宁市区和钦州市区均为 80 千米。地处丘陵地带，地势西高东低，境内最高峰上洲岭位于稓滗村，海拔 287 米；最低点位于平塘村，海拔 63 米。新福镇是西津库区镇，行政区域面积 347.53 平方千米，辖 2 个社区、16 个村委，有自然村（屯）128 个，村民小组 460 个，2023 年末总人口 57670 人，其中库区移民 3 万多人，以壮族为主，占总人口的 90%。

新福镇因镇政府驻在五福大队新圩，取其中两字得名。1949 年以前境域设龙门、同宣、飞龙、独灵等乡。新中国成立后，1958 年设飞龙乡，1962 年设飞龙区，1968 年飞龙区改为飞龙公社；1984 年 10 月，飞龙公社划分为飞龙乡和新福乡；1995 年，新福乡改为新福镇；2005 年 7 月，飞龙乡撤销，与新福镇合并成立新的新福镇。

新福镇水陆交通便捷。大西南出海通道黎钦铁路、六景至钦州港高速公路、岑溪至大新高速公路、平马至沙坪二级路贯通镇境，六钦高速公路新福出口距镇政府所在地 5 千米；200 吨级货轮常年从镇内的平塘江（又名沙坪河）和郁江上通南宁、百色，下达梧州、广州等地。

新福镇平塘村江口街水运发达，汉代已是珠江水系连通钦州的重要水道，是北部湾海盐和珍珠等物产运往南宁和云南、贵州等西南地区的重要节点，商贾云集，盐运发达，设有盐政机构和驿站。西晋时为简阳县县治所在地，驻有重兵把守。南朝梁时为简阳郡郡治所在地。明代地理学家徐霞客曾游历此地，并在《徐霞客游记》中记载“钦州盐俱从此出”，从而为钦邕古盐道的具体地址提供了重要证据。境内的简阳古城遗址、古刹信庙因建设西津水电站已淹没于江中。

横州市新福镇与灵山县沙坪镇一桥相连
廖立刚 摄
拍摄地点：横州市新福镇
拍摄时间：2022 年 10 月 15 日

南乡镇

南乡镇离平陆运河起点横州市新福镇西津库区平塘江口是最近的。平陆运河在南乡镇辖区内的里程为 5 千米，此段里程为新福镇与南乡镇共同拥有，仅涉及南乡镇五合村。

南乡镇位于横州市西南部，郁江南岸，镇政府距横州市区 30 千米，距南宁市区 108 千米，是西津库区镇，是南宁市最大的水乡，在西津库区水面有 30 平方千米的水域。水陆交通便利，水路可上溯南宁、百色，下航贵港、梧州、广州，岑溪至大新高速公路新 209 国道、新平公路贯穿镇境。行政区域面积 365 平方千米（含水域面积），辖 2 个社区、18 个村委会，2023 年末户籍人口 96159 人，汉族居多。镇内有丹霞地貌“天亮石笋”、山水胜地“川曲湾”、多处古树荔枝林等众多旅游资源。矿产资源丰富，大化金矿以蓄量大、品位高、易开采而闻名广西区内外。主要矿产资源有花岗岩。

南乡镇历史悠久。1988 年在该镇圭壁村曾出土一面铜鼓，面径 118 厘米，足径 118 厘米，通高 64.5 厘米，面沿环立三足蛙 6 只，面身主要纹饰有鸟纹、四出钱纹、云雷纹、席纹、虫纹等，足胫处饰一鳄鱼状飞兽，上乘 4 个小人。因其鼓体硕大，纹饰繁缛精美，雕饰独特，铸有独一无二的“人乘飞兽”雕饰，横县博物馆（今横州市博物馆）收藏后命名为“人乘飞兽”饰钱纹铜鼓。该铜鼓为南北朝年间（420—589 年）制作，距今已有一千多年历史，突出反映了南方骆越先民精湛的冶炼技术和艺术创造力，让人叹为观止，被定为国家一级文物，2002 年曾被选送到北京参加“声震神州——滇黔桂铜鼓精品展”。

该镇在明万历年间（1573—1619 年）已成为远近有名的集圩，也是横州市最早的 4 个建制镇之一，因镇政府原驻地南乡街得名。新中国成立后曾为横县第四区、第五区、南乡乡、南乡区、南乡公社；1984 年 10 月，南乡公社划分为南乡镇和板路乡；2005 年 7 月，板路乡撤销，整体并入南乡镇。

南乡镇经济以农林水产业为主，素有“杨梅之乡”“大头菜之乡”的美称，种植杨梅有百年历史。主要特产有优质稻、糖料蔗、荔枝、柿子、大头菜、木薯、茶叶、水产品等，已形成优质谷、水果、大头菜、桑蚕、速丰林、水产养殖等六大农业生产基地。

“人乘飞兽”饰钱纹铜鼓
图源于横州市博物馆

平陆运河终点钦州市历史上长期属边疆前沿地带，“地接交趾，南临大洋”，沿海沿江沿边的独特地域优势，造就了钦州成为古丝绸之路的海陆通道。图为平陆运河横穿钦州市区而过。

运河穿过钦州市区
廖立刚 摄
拍摄地点：钦州市
拍摄时间：2024 年 7 月 1 日

沙坪镇

平陆运河在钦州市灵山县沙坪镇辖区内的里程为8.7千米，涉及思榜、七里、金科、楷璞、那琅5个村委以及沙坪、沙港、旧圩3个社区。

沙坪镇位于灵山县西北部，距县政府驻地41千米，距南宁市98千米，与横州市新福镇隔郁江相望、一桥相连。境内地貌以山地、丘陵为主，行政区域面积112.88平方千米，辖3个社区12个村委，其中七里、那琅、沙坪、旧圩、井冲等村和社区属于西津库区移民安置区。2023年末，总人口6万多人。主要产业为种植业和养殖业，主要经济作物有莪术、淮山、木薯、甘蔗、茶叶、花生等，特色养殖业主要有养龟鳖、肉鸡和生猪等。

相传清雍正九年（1731年），人们在沙坪江边一片常被洪水冲浸形成的荒凉沙滩草坪上进行农副产品交易，之后逐步形成圩集，故沙坪镇以驻地沙坪圩得名。1927年境域属灵山县沙坪乡，新中国成立后仍属灵山县沙坪乡，1958年称沙坪公社，1985年（另一说为1984年9月）复名沙坪乡，1994年改为沙坪镇。

沙坪镇是周边乡镇的农副产品、手工业产品和生活用品交易集散地，每逢赶集日，吸引着灵山县旧州、陆屋、太平、烟墩和横州市新福、平朗、南乡等乡镇的群众前来赶集，有“文明古埠”“小武汉”之称，水陆交通十分便捷。镇内的沙坪港于1994年9月9日动工兴建，是钦州市目前唯一的内河港口，水路上至南宁、百色，下至梧州、广州、珠海等地。镇内设有沙坪火车站，灵（山）南（宁）公路、黎钦铁路穿境而过。

沙坪镇的文化旅游资源有双角岭风景区、双寿堂清代古建筑群，有丰富的以祭祀祈福为主题的庙会活动。双角岭风景区距镇驻地2千米，主峰海拔仅335米，景点有龙母庙、仙人脚印、仙人床、龙泉井、百年连理枝等，每年正月初一访客量可达几万人次，是人们登高望远、祈福的好去处。双寿堂清代古建筑群位于楷璞村，清光绪八年（1882年）建，为县级文物保护单位。

运河穿过沙坪镇与新福镇

廖立刚 摄

拍摄地点：钦州市沙坪镇

拍摄时间：2024 年 7 月 17 日

旧州镇

廖立刚 摄

拍摄地点：灵山县旧州镇

拍摄时间：2022 年 7 月 11 日

旧州镇

平陆运河三大枢纽工程之一的第一梯级马道枢纽位于钦州市灵山县旧州镇的石桥村马道头村一带。平陆运河在旧州镇辖区内的里程为 15.8 千米，涉及石桥、石柱、青松、民主、大岭、西屯、张高、下浪 8 个村委和旧州社区。

旧州镇位于灵山县西北部，距县城 60 千米，行政区域面积 219.66 平方千米，辖 28 个村及 2 个社区。2023 年末，总人口 12 万多人，以汉族为主，是客家人的聚居地。境内地貌以山地、丘陵为主，锰矿资源丰富，是灵山县主要的锰矿产区。主要农作物有水稻、甘蔗、土豆，著名地方产品有茶叶、瓜皮、双凤沙梨、无核荔枝、沃柑、状元粉等。黎钦铁路穿境而过，旧州江、上井新村江、西屯江等均由境内流经陆屋镇汇入钦江。

旧州镇因驻地旧州圩得名，隋朝至宋朝年间曾为州县治所。隋开皇十八年（598 年），设南宾县，县治位于南宾砦，即今旧州镇。唐贞观十年（636 年），南宾县县治移至峰子岭南（今灵城街道棠梨村），至此，旧州镇曾经历县治 38 年。同年，钦州州治从今钦南区久隆镇移至今旧州镇，直至宋天圣元年 [1023 年，另一说为天圣四年（1026 年）] 钦州州治方迁至安远县城之南，即今钦州城区。新中国成立初期属灵山县第八区，1958 年 12 月设旧州公社，1984 年 9 月改为旧州乡，1994 年 1 月改为旧州镇。

旧州镇双凤村的“浸沙梨”产业与古盐运有关，作为古盐道旧州镇通往沙坪镇途中的一个村子，双凤村历史上因海盐贸易的繁盛而驿馆鼎盛、商贾云集，生产生活也自然与盐沾上关系，其中就产生了用盐水浸泡本地“称砣梨”（即沙梨）的手艺，并一直流传至今。双凤村产的沙梨每年 8 月开始采摘，盐水浸泡半个月后就制作成“浸沙梨”，味道酸甜爽脆，开胃解腻。制作季结束后恰逢中秋佳节，在双凤村便演绎出了中秋赏月“月饼 + 浸沙梨”的特色饮食风俗。双凤村 2023 年种植的 0.6 平方千米沙梨喜获丰收，产梨 30 余万斤，总收入 210 万元左右。双凤村的“浸沙梨”已经由“思乡果”跃升为“致富果”，讲述了许多产业致富的故事。

陆屋镇

平陆运河三大枢纽工程之一的第二梯级企石枢纽位于陆屋镇企石村附近。平陆运河在陆屋镇辖区内的里程为 12 千米，涉及企石、石子岭、杨屋、罗屋坪、陆东 5 个村和陆阳社区。

陆屋镇位于钦州市灵山县西南部，距县城 45 千米，距钦州市城区 67 千米，行政区域面积 307.18 平方千米，辖 28 个村和 3 个社区。2023 年末，总人口 11 万多人，以汉族为主。主要经济作物有甘蔗、莪术、荔枝、茶叶等；特色农业经济有水奶牛养殖等。陆屋农场的茶叶生产基地获得农业农村部无公害农产品产地认定证书，是广西首批获得认定证书的茶叶生产基地。“陆屋”牌白砂糖、赤砂糖远销国内外。

陆屋镇因驻地陆屋圩得名。相传清雍正三年（1725 年）陆姓人在此地始居并渐成圩市，故名陆屋圩。陆屋镇古属灵山县，清光绪十四年（1888 年）划入钦州，民国时期属钦县十一区管辖，1958 年复归灵山县管辖，称陆屋公社，1984 年改为陆屋镇。

陆屋镇地处中低山丘陵地带，旧州江与钦江交汇点，三面临江，自古为商埠重镇、人文古镇。南宋时期（1127—1279 年）即有成熟的运盐道，明末至清代为两广商贾云集的商埠，境内的高州会馆、广府会馆见证了其繁荣的商贸历史。高州会馆始建于明末清初，广府会馆始建于清乾隆九年（1744 年），至今已有 280 多年历史。民国时期，陆屋镇是北部湾食盐船开往云南、贵州的必经之地。今陆屋镇是灵山县西南部的经济、交通枢纽中心，1995 年被建设部定为“全国小城镇建设试点镇”，2017 年入选第二批中国特色小镇，2020 年被命名为首批广西民营经济示范乡镇，2022 年上榜广西乡村振兴示范乡镇创建名单。现该镇村民正自发打造平陆运河精品村。

陆屋镇
廖立刚 摄
拍摄地点：灵山县陆屋镇
拍摄时间：2022 年 7 月 11 日

明清古建筑群
廖立刚 摄
拍摄地点：钦州市钦北区青塘镇
拍摄时间：2022 年 7 月 19 日

青塘镇

平陆运河在青塘镇辖区内的里程为 6 千米，涉及决竹、那路、青苏 3 个村委。

青塘镇位于钦州市钦北区东北部，距钦州市区 49 千米。行政区域面积 129.45 平方千米，辖 13 个村和 1 个社区。2023 年末，总人口 5 万多人，主要为汉族，也有壮族。全镇农业生产以种植业和养殖业为主，出产的荔枝、龙眼、芒果、木菠萝畅销自治区内外。近年来，该镇抢抓平陆运河发展机遇，立足莪术、大米、米粉、米酒等资源优势，建设中草药种植产业示范区、“三米”产业示范区和手工产业集群小区，挖掘平陆运河沿线村庄的红色文化底蕴，创建运河沿线乡村旅游示范带，将资源集中成“三区一带”，实现“点上出精品，线上有美景，一区一主题”。

青塘镇因镇政府驻青塘圩得名。青塘圩原有一个清水池塘，长年水清如镜，故名“清塘”，后以谐音写成“青塘”。青塘镇境域原属灵山县青塘练地，清光绪十四年（1888 年）划归钦州；民国时期设青塘乡；1951 年分为 6 个小乡；1957 年 6 个小乡又合并为青塘乡；1958 年秋并入平吉公社；1959 年秋分设青塘公社；1984 年 9 月改设青塘乡，属县级钦州市；1993 年 12 月改为青塘镇；1994 年属地级钦州市钦北区。黎钦铁路、六景高速、钦灵公路穿境而过，发源于青塘镇割茅岭的青塘河于平吉镇上旧村汇入钦江。

青塘镇的旅游资源涵盖了青山、碧水、湖泊、森林以及极具人文色彩的宗族祠堂、保存完好的民居古建筑群等。青塘镇海拔最高的山峰是高卓山，位于镇西北部高峰村，登顶可俯视整个青塘镇，乃至邻近的陆屋镇和平吉镇。杨氏祖宅为杨氏家族所建，至今已有 250 余年历史，占地面积 4000 平方米，属钦州地区常见的明清风格民居古建筑群。走进杨氏祖宅，映入眼帘的是石门坎、石台阶、石柱子、石门头、石挑手，横梁上雕刻有凤凰等各种动物，形象逼真、栩栩如生。利氏宗祠位于青塘镇老正街南面，1947 年建成，一连三座，内有天井走廊，为古老房式土木砖瓦结构，建筑宏伟，占地面积 700 平方米。

黄氏古建筑

陈彦均 摄

拍摄地点：钦州市钦北区平吉镇

拍摄时间：2022 年 7 月 10 日

平吉镇

平陆运河在平吉镇辖区内的里程为27千米，涉及永隆、广平、大田坪、平里、蓉标、平吉、三冬、八仙、古秀、白鹤垌10个村委。

平吉镇位于钦州市钦北区东部，距钦州市区30千米，距钦州港50千米。行政区域面积300.41平方千米，辖19个村委、1个社区。2023年末，总人口近10万人，主要为汉族，有部分壮族。该镇东、西两边为丘陵地带，中部有面积20平方千米的九佰垌平原，钦江从境内流过，黎钦铁路、钦灵公路、钦陆一级公路等贯穿腹地。由50多个外引内联果场构成的优质水果基地，以及甘蔗生产基地、畜牧水产基地、优质谷基地、速生桉基地和轻工业生产基地，一批中小型乡镇企业构成的平吉镇“工业走廊”雏形初显。

平吉镇得名由来是在明洪武五年（1372年），黄姓村民居住的山尾自然村逐渐形成圩市，圩名始称“吉平”。后因建圩以来居民平安、吉祥，更名为“平吉”。1930年境域始设平吉镇及平吉、广平、牛江3个乡，1942年调整为平吉、广平2个乡，1950年设平吉乡，1951年分为13个小乡，1957年13个小乡合并为平吉乡，1958年为平吉公社，1984年改为平吉乡；1989年改为平吉镇，属县级钦州市；1994年改属地级钦州市钦北区。

平吉镇历史悠久，早在南朝宋元嘉二十二年（445年），一说为南朝宋大明四年（460年），就曾为郡县治所，宋寿郡和宋寿县的治所均位于今平吉镇牛江村委古城角自然村。这里设县治所共500余年，现存唐朝的古城角遗址（宋寿县古城址）为市级文物保护单位。牛江村委的下红泥沟村还有隋唐时期的下红泥沟故城遗址，为市级文物保护单位。平吉镇古隆附近发现的古墓属于自治区文物保护单位。牛江村人苏廷有在民国时期曾任粤军营长、旅长和广东南路讨贼军第二师师长，其位于钦南区占鳌巷52号的旧居为自治区级文物保护单位。

久隆镇

平陆运河在久隆镇辖区内的里程为16.8千米，涉及丁屋、久隆、沙田、高桥、水铺、黎屋6个村委。

久隆镇位于钦州市钦南区东北部，距钦州市区19千米。行政区域面积222.9平方千米，辖17个村委、1个社区。2023年末，总人口近5万人，以汉族为主。全镇建成蔬菜基地3个，约40万平方米，“双高”糖料蔗基地约7330万平方米。重点打造五指毛桃、沃柑、黄金百香果等“一镇一品”特色产业，青草村被农业农村部评为全国“一村一品”示范村。

久隆镇原为一个小村，因周围有9条小山脉，犹如九龙汇集，故原称九龙。后因“九龙”方言与“狗笼”谐音，曾改为“十街”。民国时期以“九龙”谐音改为“久隆”，取永久兴隆之意。南朝梁中大通四年（532年）置安州，州治即设在今久隆镇上东坝村，由宁氏家族统治。隋开皇十八年（598年），改安州为钦州。之后，钦州曾改置宁越郡，后复置，治所依旧。唐贞观十年[636年，另一说为宋开宝五年（972年）]，钦州迁治灵山县治。新中国成立后，1950年分设久隆、新圩2个乡，1951年分设为6个小乡，1957年改为久隆乡，1961年分设久隆、新圩2个小公社，1966年设久隆公社；1984年改为久隆乡，属县级钦州市；1993年改为久隆镇，次年改属钦州市钦南区。

久隆镇人文历史悠久、文物古迹厚重。最为有名的是位于上东坝村东南的久隆古墓群，这是自南朝梁建安州以后200多年间世袭土官宁氏家族的墓群，为隋唐时期墓葬群，距今已有一千多年历史。主要分布在钦江与新明江之间，南起新屋坪，北至新塘村，总长27千米。已发现古墓36座，墓群中有隋代正议大夫宁贙墓碑、唐代刺史宁道务墓和壮族历史上第一位进士——唐代谏议大夫宁原悌墓；被誉为“中国第一陶碑”的唐代宁道务陶碑就是1920年从久隆出土的，记载了约1300年前钦州州府历史大事及宁氏望族重要纪事。1981年，久隆古墓群被定为自治区文物保护单位。

钦江县故城遗址
廖立刚 摄
拍摄地点：钦州市钦南区久隆镇
拍摄时间：2022 年 7 月 9 日

大番坡镇

平陆运河在大番坡镇辖区内的里程约为 18 千米，涉及沙坡、葵子、辣椒槌 3 个村委和茅坡社区。

大番坡镇位于钦州市钦南区西南部，距钦州市区 11 千米。处北部湾沿海丘陵地带，东北部为丘陵区，南部为台岗地，钦州湾海汉深入境内，其间有面积较大的滨海平原。南部的簕沟港为天然良港。钦州港进港公路、铁路，桂海高速公路，钦犀国防二级公路贯穿全境，水陆交通便利。行政区域面积 96.43 平方千米，辖 9 个村委和 1 个社区。2023 年末，总人口近 3 万人，主要为汉族。全镇农业以甘蔗、水稻、水果种植及水产养殖为主，以生猪、家禽养殖为辅，主要特产有对虾、大蚝、青蟹、沙虫。

大番坡镇于清咸丰年间（1851—1861 年）建圩。此地原是荒坡，因当地曾为一名逝者举行隆重的殡葬仪式“打大幡”而得名。1957 年由 5 个小乡合并为大番坡乡，次年并入钦州公社，1959 年分设大番坡公社；1984 年改为大番坡乡，属县级钦州市；1993 年改为大番坡镇，次年改属地级钦州市钦南区。

南朝梁大同元年（535 年）玉山县治所设在今大番坡镇境内。大番坡镇历史上曾为军事要地，青龙村烟囱岭上现存青龙烽火台遗址。该烽火台始建年代不详，中法战争期间曾修复，现残存一座圆形夯土台。残台高 3 米，面径长 3 米，底径长约 6 米，用沙石三合土分层夯筑而成，为市级文物保护单位。鹰岭炮台遗址位于旧营盘村南 1 千米的鹰岭上，始建于清康熙五十六年（1717 年），可控制东、南、西三面海域，现存大炮 1 门，该炮口径 23 厘米，长 260 厘米。鸦片战争、中法战争期间曾维修，是当时六大重点炮台之一。境内深坪村妮义嘴岭还有妮义嘴新石器时代遗址，为市级文物保护单位。

龙门港镇

龙门港镇是平陆运河入海口所在地，平陆运河航道经龙门港镇海域里程约5千米入海，涉及东村、北村、西村3个村委会。

龙门港镇位于钦州市钦南区南部，北濒茅尾海，是一个由众多岛屿组成的岛镇，距市区60千米。行政区域面积36.77平方千米，其中陆地面积11.9平方千米，海域面积24.87平方千米，海岸线长25.2千米，辖4个村委。2023年末，总人口8000多人，聚居着壮、汉、瑶、回、京等民族。产业以海产养殖业和海产品加工业为主，海洋捕捞和海水养殖业历史悠久，有对虾、青蟹、大蚝、石斑鱼四大名产，全镇已形成对虾、青蟹、大蚝、网箱养鱼四大海养基地。

龙门港镇因其地形而得名。据明嘉靖《钦州志》记载，因山脉自西向东蜿

龙门港镇龙门大桥
廖立刚 摄
拍摄地点：钦州市钦南区龙门港镇
拍摄时间：2024年5月1日

蜒起伏如龙状，前屏左右山岭东西对峙似门，扼茅尾海出口，故名龙门。龙门港历来是兵家必争之地。东汉建武十八年（42 年），光武帝派伏波将军马援平定交趾之乱，曾路经龙门港外乌雷山、三口浪，后人在乌雷海湾处立伏波庙以作纪念。明清时期，龙门港曾多次发生交战；清康熙二十三年（1684 年）工部尚书杜臻、总督吴兴祚等到钦州会勘龙门港，并在此建立龙门水师以控制海防。1939 年，日军入侵广西时，部分日军就从此港登陆。民国时期此地置龙门乡，属钦县；1958 年龙门乡并入钦州公社，次年分设龙门公社；1984 年改为龙门乡，属县级钦州市；1993 年改为龙门港镇，次年改属地级钦州市钦南区。

龙门港镇风光旖旎，有将军楼、玉井流香、中流砥柱（亚公山）、龙泾还珠（龙门七十二泾）等旅游景点。1995 年，钦州市为了纪念孙中山先生规划建设"南方第二大港"——钦州港的宏韬伟略，在七十二泾景区入口处的龟岛上建仙岛公园，又称逸仙公园。在公园最高处的聚英台屹立一尊全国最大的孙中山铜像，高 13.88 米，重 30 余吨，15.8 米高的基座四周由方略篇、风云篇、决策篇、共建篇四幅汉白玉浮雕构成，雕刻精细、栩栩如生。公园的风轮台中央竖立着 1926 年钦县军政农工商学各界敬立的"孙总理逝世周年纪念碑"。

孙中山铜像

廖立刚 摄

拍摄地点：钦州市钦南区龙门港镇

拍摄时间：2024 年 7 月 10 日

孫中山

世纪滨江

第四篇

居 民

石 睿

一河通，百业兴。从江到海，平陆运河沿岸的居民们，男女老少，无一例外，置身于这场史无前例的江、河、海之剧变当中。

横州、钦州古为百越地，地广人稀，各族先民世居于此。秦汉时期，横州、钦州属象郡地。秦始皇征岭南时，“发诸尝逋亡人、赘婿、贾人略取陆梁地，为桂林、象郡、南海，以适遣戍”，南海郡龙川县令赵佗曾上书秦始皇“求女无夫家者三万人，以为士卒衣补。秦皇帝可其万五千人”，开启了中原汉人与岭南粤人的民族交往、交流、交融之路。秦末汉初，赵佗攻占桂林、象郡建南越国割据岭南，自称“蛮夷大长老夫”，遵从越人习俗，鼓励汉人与越人通婚。东汉伏波将军马援南征交趾，回师中原途中，留下部分将士驻守于今平陆运河沿线的横州市、钦州市及周边地区，帮助当地发展生产。他们被称为“马留人”，世代与当地越人共同生活。魏晋，今横州地域为粤西南障晋兴之巨镇，虽濒海边疆，土地、财赋、人文，颇甲西南。隋唐时期，岭南豪族宁氏家族纳土归附，“建城邑、开学校”治理钦州，各族百姓和睦相处，是铸牢中华民族共同体意识的历史典范。近代以来，各族人民团结一心，共同抵御外辱。晚清时期，大量钦州子民随冯子材出关抗法，保卫祖国边疆。清末，钦州子民随黄明堂投奔孙中山，参加辛亥革命，为推翻清朝封建统治作出了贡献。

千百年来，文明在此交融，孕育出丰富多彩的民族文化。多彩的壮家“那”文化和歌圩文化，耕读传家的客家文化，顺水而生、捕捞为业的疍家文化，善于经营、富甲一方的盐商文化相交融合，和谐共生。

如今，在党的关怀和带领下，平陆运河沿线各族群众牢固树立起休戚与共、荣辱与共、生死与共、命运与共的共同体理念，进一步铸牢中华民族共同体意识。居民们依依不舍地凝望着奔流的江水，他们深知平陆运河的建设不仅利国利民，更是功在千秋的伟业。未来的生活，将在稳固的小康基础上，向着更加美好的目标不断迈进。

平塘江口的居民们

廖立刚、覃圣云、苏志付 摄

拍摄地点：横州市新福镇

拍摄时间：2022 年 5 月 1 日

史前居民

旧石器时代，钦州域内就有人类居住。1960 年，在灵山县马鞍山东胜岩、葡地岩和尽头岩三个岩洞中发现有距今 2 万年的人类遗骨。后又在灵山县石塘镇钟秀山滑岩洞，今钦南区东场镇红砂村东南的上羊角岭、那丽镇独料村西侧的禾塘岭、犀牛脚镇丹寮村西南的芭蕉墩，今钦北区大寺镇那葛村马敬坡以及浦北县中西部一带河溪的山丘上，发现新、旧石器时代的古人类遗址，距今 10000—4000 年不等。在横州地区也相继出土了不少史前居民的遗存。如 1960 年在西津的西竹坑和平朗乡秋江村，发现了距今约 6000 年的新石器时代贝丘遗址，除了螺壳贝丘，还有古人类使用的石斧、石锛、骨刀、骨针、蚌刀和夹砂粗陶片等；在今马山镇双桥村、百合镇葛麻村和莲塘中学后背山，出土了新石器时代晚期的石铲。

多民族杂居

平陆运河沿岸，多为各民族杂居之地。自秦汉统一岭南以来，中原移民陆续进入八桂大地，主要居住在州、郡、县治所及其附近地区。此外的广大山区和乡村，则为壮族等世居少数民族的先民聚居之地。《汉书 · 地理志》引臣瓒言：“自交趾至会稽七八千里，百越杂处，各有种姓。”三国两晋至南北朝时期，中原地区群雄争霸，相互攻战，社会动荡不安，岭南则比较安定。大批中原人以及巴蜀一带的僚人为避乱，纷纷举族南迁岭南地区，与当地俚、夷、乌浒等族群杂居。隋唐时期，史籍中称岭南一带居民为俚人，也称僚人，有时俚、僚连称。如《隋书 · 地理志》载，“俚僚贵铜鼓，岭南二十五郡处处有之”。又如《南史 · 兰钦传》称陈文彻为“俚帅”。而《南史 · 欧阳頠传》称陈文彻为“夷僚”。

各民族先民在此定居，团结发展。比如，历史上声震岭南的钦州宁氏家族。《新唐书》指出其“世为南平渠帅”，称雄岭南，直接影响到中原王朝对北部湾沿海地区的治理。又据已出土的隋《宁越郡钦江县正议大夫之碑》、唐《刺史宁道务墓志铭碑》，宁氏家族墓志记载其祖籍冀州临淄。同时，宁氏作为岭南“酋帅”，对百越之民与汉族先民一视同仁，废除了“蛮”“夷”之称，行“修其道”“不易其俗”“建城邑、开学校”，使各族群和睦相处，共同发展。

隋唐钦州地区宁氏家族世系表

（钦州市地方志办公室供图）

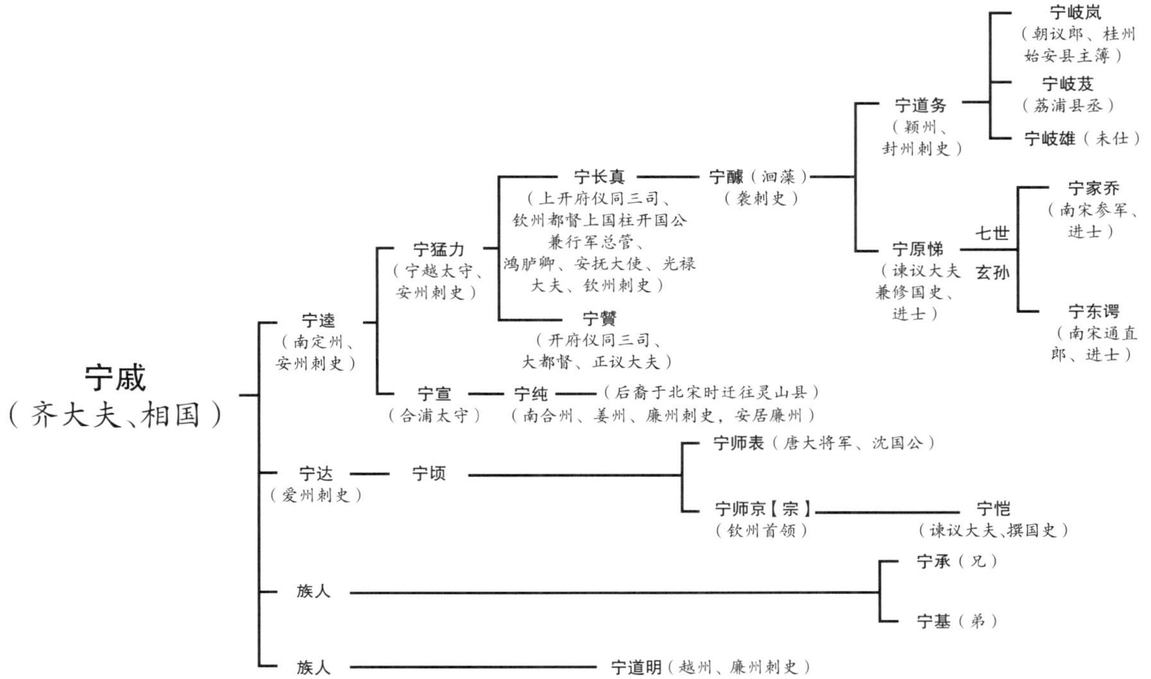

据宋《溪蛮丛笑》载，“南方溪垌民族有五，曰苗、曰徭、曰僚、曰僮、曰仡佬”，还有畲、夷等族群。各民族历来关系密切，汉族与各少数民族相互通婚，相互交融，文化上相互吸收，一些习俗也相互接受。横州地区在经济、社会、文化方面的发展就可佐证。清光绪《横州志》载，“三代以前，政教未通。秦有占籍，多自各省所来之族。验之人物罕有粤习，风俗特温厚，性质多淳朴。虽然不无美恶互见，然因革劝惩积渐，化导转移，正易易也”。“远村山谷则为狼獞獠猺山子蜑蛮所散居杂处，而獞（壮）为独多。所谓横州民一，獞（壮）三也。系粤旧种，亦入版籍”。尽管横州民族众多，“然诸种隶籍已久，渐知礼法，牖之以理，亦克开心，骎骎改旧，非复昔日之俗矣”，横州城内“重廉耻，尚文学”，偏僻乡村也能够“俗朴祇知耕种”。

2023 年末，横州市户籍人口 126.23 万，其中少数民族人口 50.52 万，居住有壮、汉、瑶、苗、侗、仫佬等 12 个民族，被国家民族事务委员会列入第 9 批全国民族团结进步示范市。钦州市户籍人口 420.59 万，其中少数民族人口 48.7 万人，居住有壮、汉、瑶、苗、侗、仫佬、毛南、回、京、彝、水、仡佬、布依、藏、蒙古、白、高山、满、维吾尔、朝鲜等 23 个民族。

（一）壮族。由战国至秦汉时期百越族群的西瓯、骆越部族发展而来，世居于此。新中国成立之后，1953—1954 年开展民族识别工作，许多壮族民众恢复了民族成分。1965 年，根据国务院总理周恩来的提议，把僮族的“僮”改为健壮的“壮”，“僮族”正式称“壮族”。

壮族是人口总数仅次于汉族的少数民族。在历史文献中，壮族先民则被称为瓯骆、乌浒、俚、僚、僮等。横州和钦州的西瓯、骆越都属百越族群，同为壮族先民。部分壮族先民世居横州一带；部分壮族先民自秦汉时期，从广西崇左迁移上思和邕宁等地，翻越十万大山进入防城、钦州山区定居，至隋唐时期成为钦州主要民族。北宋《元丰九域志》载钦州户“主一万二百（江本作千）九十五，客二百五十七”。此处，“主”指钦州壮族先民，“客”指外来汉族先民。可见，宋代钦州的世居民族人口仍占绝对多数，壮、汉户数比例约为 40 ∶ 1。明朝以后，因汉族人数增多，形成相连成片的汉族聚居地，壮族分布区域逐渐缩小，壮族主要聚居在今钦州西部及北部地区，地理上相连成片。新中国成立之后，壮族主要分布于钦州西部的大寺、贵台、大直、黄屋屯以及北部的新棠、那蒙等 6 个乡镇。

清光绪《横州志》载，横州的壮、汉户数比例约为 3 ∶ 1。谈到民族特征、习性等，则直言“獞，撞也，粤之顽民，性喜攻击撞突曰撞”“其俗椎髻徒跣，性多悍戆，佃耕为业，习尚鄙陋”“性特剽悍，魋结贯耳。富者男女，皆以银作大圈加颈。男衣短窄，裂布束胫，出入常佩刀。女衣不掩膝，长裙细褶，缀五色绒于襟袂，裙幅间善涉水手摄裙幅视水浅深以次收展男女齿等以衣带相赠，遗谓之结同年。既嫁，则不负相闻。葺茅作屋，而不涂衡板为楼。上以栖止，下顿牛畜，谓之麻栏，席地而炊，抟饭掬水，盛夏露处，冬则围炉，达旦无床衾，宴客以肉，盛木具或竹箕，均人数而分置之。罢，则各携所余去”。建筑方面，“宫室富贵之家，屋宇用砖木，无异中土；贫乏者，多用竹为栋楹柱瓦，其制较便，然不坚固外。此则茅檐土壁，甕牖而居，古风犹存”。日常服饰方面，“衣服唯事布素，不尚华绮纱缎绫罗。富贵之家遇吉礼，则一御之村里，穷民有毕生不一见者矣”。饮食、吉丧、嫁娶、信仰等方面，则写道“饮食惟知果腹。宴会止鸡、豚常品。剖活鱼，细切，备辛香、蔬、醋，下箸拌食，曰鱼生，胜于烹者……宾会非槟榔不行，客至茶罢，进以槟榔，盖以槟榔为敬也。婚聘用槟榔、金币、猪、羊、鸡、鹅、酒、果，遍分亲族。亲族炊饭酿酒，银物馈赠，男冠女笄，则于婚嫁日。疾病专巫祈祷，兼事医药。丧祭之礼，丧信巫道或浮屠，间有遵文公家礼者。葬则信堪舆，或但盖土，亦有火葬者。祭则巨族，有祭田，轮收供祀。凡祀品，物随所有陈设无定数，牲牢、酒澧，精洁亦多不及中土”。

（二）汉族。过去，汉族主要聚居在交通较为便利的州、郡或县治附近，故多上户籍，史籍中称之为“民户”“齐民”“百姓”，或简称为“民”。因从外地迁入，又被称作“客户”“客民”“新民”。汉族迁居至横州市、钦州市等地，主要因戍军、任官、逃难、经商、避仇、工作调入等。旧志记载：“乾嘉以后，外籍迁钦，五倍土著”。第七次全国人口普查数据显示：横州市汉族人口数约为 56.02 万，占横州市总人口的 62.52%；钦州市汉族人口数约为 293.64 万，占钦州市总人口的 88.92%。

平陆运河沿岸的汉族地区，经济较发达、文化较先进，保持汉族文化传统，也受其他民族文化影响，对各少数民族经济文化的发展起到了重要作用。在民族交往交流交融的过程中，汉族也传承和发展了一些具有代表性的文化。比如，服饰方面，极少数农村老年妇女保持着传统大襟衫的习惯；饮食方面，“广西三大碗”蕴含团圆幸福之意并表达主人对贵客的敬意。

南宋地理学家周去非在其著作《岭外代答》中记载，钦州地区主要生活着钦民五种，分别为土人、北人、俚人、射耕人、蜑人。“一曰土人，自昔骆越种类也。居于村落，容貌鄙野，以唇舌杂为音声，殊不可晓，谓之蒌语。二曰北人，语言平易，而杂以南音。本西北流民，自五代之乱，占籍于钦者也。三曰俚人，史称俚獠者是也。此种自蛮峒出居，专事妖怪，若禽兽然，语音尤不可晓。四曰射耕人，本福建人，射地而耕也。子孙尽闽音。五曰蜑人，以舟为室，浮海而生，语似福、广，杂以广东、西之音。”

从迁徙路径、生活方式、语言特征等方面作区分，“土人”，由本地的骆越族群发展而来，居住在村落，容貌鄙陋粗野。他们使用近似交趾语的蒌语交流，发音特殊，唇舌并用，不知其意。“北人”，祖先是在混乱的五代时期，从西北地区奔逃的流民，到达钦州一带就定居下来。他们的语言平实易懂，仅有一些发音夹杂着南方地区的方言。“俚人”，祖先在历史上曾经被称为俚僚。这一类人习惯住在洞穴里，专门侍奉山妖精怪，就好像野生的禽兽一样，不知道他们使用的语言是什么。“射耕人”，祖先原本是福建人，耕种方式比较原始，用木头或者石头在土地里刺坑并播下种子。他们的后代说的都是闽方言。“蜑人”，居住在船上，经常漂浮在海面上。他们的语言既像福建方言也像两广方言，夹杂着广西、广东的土话。

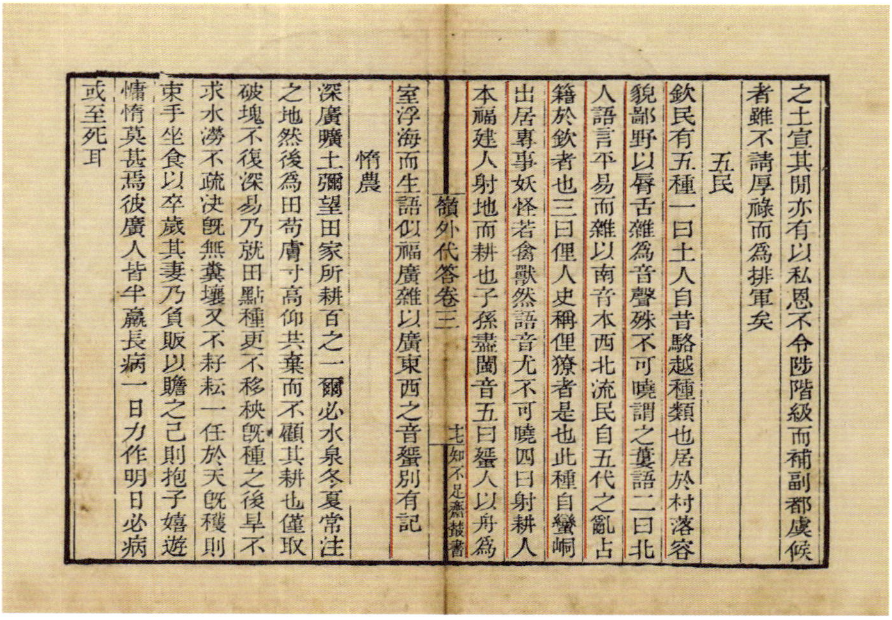
之土宣其閒亦有以私恩不令陟階級而補副都虞候
者雖不請厚祿而爲排軍矣

五民

欽民有五種一曰土人自昔駱越種類也居於村落容
貌鄙野以唇舌雜爲音聲殊不可曉謂之蔞語二曰北
人語言平易而雜以南音本西北流民自五代之亂占
籍於欽者也三曰俚人史稱俚獠者是也此種自蠻峒
出居專事妖怪若禽獸然語音尤不可曉四曰射耕人
本福建人射地而耕也子孫盡閩音五曰蜑人以舟爲

嶺外代答卷三　七　知不足齋叢書

室浮海而生語似福廣雜以廣東西之音蜑別有記

惰農

深廣曠土彌望田家所耕百之一爾必水泉冬夏常注
之地然後爲田苟膚寸高仰共棄而不顧其耕也僅取
破塊不復深易乃就田點種更不移秧既種之後旱不
求水澇不疏決既無糞壤又不耔耘一任於天既穫則
束手坐食以卒歲其妻乃負販以贍之己則抱子嬉遊
慵惰莫甚焉彼廣人皆半羸長病一日力作明日必病
或至死耳

钦民五种《岭外代答》原文书影
图片源于国家图书馆网站

语言沃土

从江到海，平陆运河将一路奔腾的西江与千帆竞发的北部湾相联通。千百年来，源源不断迁入的移民和本地粤人相互交流、通婚，造就了丰富多元的语言环境。

壮语是中国使用人数最多的少数民族语言，主要流通于广西的壮族聚居地区。壮族先民曾自称“土人”“布土”“板人”。“土”即土生土长，“土人”“布土”即自谦为土生土长的本地人，布衣百姓。壮语称村落为“板”，“板人”乃自谦为居住在乡村田垌的人。平陆运河沿岸的壮语，主要对应壮语南部方言中的邕南土语区，也称土话、侬话、岱话等。清光绪《横州志》载，横州壮族“言语侏俪，音与思田土人无异”。如今，横州的壮语以郁江为界，形成了横南壮话与横北壮话。

平陆运河沿岸的汉族，依据方言的差异有不同的称呼。主要有说闽南话的“福老人”或“龙门人”，说白话（粤语）的“广府人”，说客家话和新民话的“客家人”，说平话的“平话人”几类。

郁江两岸，居住着说平话的居民，据说这是宋代狄青平南时带来的语言。沙坪河畔的新福镇，平陆运河起点处的平塘村，村民说广府话；沿沙坪河往南，则是说壮话的丕地村和三阳村；溯河再往上，是客家话和广府话并存的新福镇新福社区；翻过分水岭，来到旧州江畔，旧州镇的人们则用客家话交谈；顺河而下，到了陆屋镇，这里的人们日常交流用广府话。到了官方公务场合，大家都默契地说起了普通话。多种语言沿河而生，并行不悖。美丽的河水将这些语音各异的乡镇、村落相串联，平陆运河宛如一条优雅的丝带串起一颗颗语言的珍珠。

水上居民

从生活方式来分，平陆运河沿线的人口可以分为两类：一类是主要生活在江海的岸边的居民，另一类是主要活跃于江海的水上居民。江海孕育出了“顺江捕鱼、以水为伴”“以舟为家、以渔为业”的疍家人。这些世代居住在江海之上的人，古时称“蜑”“疍户”，又称“龙户”。南宋地理学家周去非在《岭外代答》中记载“蜑蛮”，他认为疍人先民是“以舟为室，视水如陆，浮生江海者”，并且钦州疍民可分为三种，“一为鱼蜑，善举网垂纶；二为蚝蜑，善没海取蚝；三为木蜑，善伐山取材”。即钦州地区有擅长捕鱼的“鱼疍”，擅长下海捡拾蚝贝的“蚝疍”和擅长上山砍伐木材的“木疍”。

为了便于劳作，疍民“衣皆鹑结”，将衣服像鹌鹑的翅膀一样系在腰后。“蜑之浮生，似若浩荡莫能驯者，然亦各有统属，各有界分，各有役于官，以是知无逃乎天地之间。”“得掬米，妻子共之。夫妇居短篷之下，生子乃猥多，一舟不下十子。儿自能孩，其母以软帛束之背上，荡桨自如。儿能匍匐，则以长绳系其腰，于绳末系短木焉，儿忽堕水，则缘绳汲出之。儿学行，往来篷脊，殊不惊也。能行，则已能浮没。”疍民自小亲近海洋，擅长游泳，“冬夏身无一缕”。每当船舶靠岸，孩子们就成群结队地“聚戏沙中”。

到了清朝，清政府沿袭明制，收编疍民入户，委派疍长，将水性较好的疍民编入朝廷水师，于钦州设龙门营水汛和乌雷营水汛。清光绪《横州志》载，“蜑人最少，亦有五姓，麦、濮、吴、苏、何”。《岭南杂记》载，疍户“见水色即知有龙。性粗愚不谙礼数。入水不没，每为客泅取遗物。性耐寒，隆冬单衣跣足。婚娶以酒相馋，群妇子饮于洲岸，两姓联舟数十，男女互歌为乐。属河伯所征渔课，畏见官府，有讼之者，即飘窜不出。春夏水潦鱼多，可供一饱。常日贫之不能自存，而蠹豪每索诈以困之。海滨贫民，此为最苦矣”。他们性格粗放豪爽，因为潜水无碍，经常被人雇来捞取丢失在水里的物品，又生性耐寒，隆冬时节也穿单薄的衣服打赤脚。

在婚俗上，疍户用酒作为礼物互相馈赠，妇女和孩子们聚集在水洲上或者岸边一起饮食，双方将船连在一起有数十艘，男女互相对歌作为娱乐活动。在社会角色上，他们被归为渔民，受河伯所管理并且需要缴纳渔税。春夏雨多，水涨鱼丰，疍户就可以自足。

新中国成立前，疍户没有固定的住所，也不从事耕种和纺织，他们以捕鱼、捞蚬（石螺）、摆渡为生，以船为家，并不富裕。贫穷的疍人只能用竹子搭建水上居住设施，名为“簰”。新中国成立后，疍民政治地位和生活水平逐

渐提高，增加捞砂、内河运输、兴办集体企业等工作。越来越多的疍家人“洗脚上岸”，开始尝试在陆地上生活。如今，钦州犀牛脚沿海至大番坡、龙门及钦江畔马屋一带的疍民，既有陆地上的固定居所，也传承着他们特色鲜明的江河文化与海洋文化。疍民口耳相传的咸水歌，明清时期尤为流行，见于《广东新语》，“疍人亦喜唱歌，婚夕，两舟相合，男歌胜，则牵女衣过舟也”。其中的“歌”，指的就是咸水歌。

疍家婚礼

廖立刚 摄

拍摄地点：北海市

拍摄时间：2023 年 5 月 1 日

第五篇

民　俗

周岳琳

百里运河，流淌着千年文明，熠熠生辉。平陆运河两岸有多彩的民风民俗，有丰富的非物质文化遗产。运河的建设和开发将进一步带动两岸的民间活动，涓涓细流汇成了一条文化之河。沿着先辈们的文明脚步，一件件陶坯、一束束烟火、一阵阵锣响、一声声乡音，一幅磅礴秀美的运河画卷在我们眼前徐徐展开。

平塘江口，碧波荡漾。漫步在江口街，品味吃鱼生的习俗，体验“二月二龙抬头”的传统民俗，感受杨梅节的热闹氛围。

顺流而下，来到灵山。你可以看到，在手艺人一穿一引、一敲一凿下，烟墩大鼓、灵山竹编、傩面具等传统工艺被代代传承至今。赶上端午节，还可以体验旧州镇独有的送狗儿习俗。

百里运河，通江达海。在这里，海歌与山歌对唱，你方唱罢我登台；钦州粤剧与采茶戏精彩演出，难分伯仲；冯子材、刘永福和冯敏昌的传说广为人知，流传至今。再往前走走，你会听到远处传来阵阵锣鼓声，循声而去，一群舞者头戴五彩斑斓的傩面具，正随着铜锣的节奏起伏跳跃。这是每年都会定期举办的跳岭头传统民俗活动，祈求来年风调雨顺、国泰民安。

在这里，你可以欣赏到民间工艺的杰出代表——坭兴陶烧制技艺与钦州传统造船技艺；可以观赏到非遗传承人表演的钦州八扣拳、八音；赶上节庆时节，舞春牛、狮子舞、龙舞轮番上演。

在这里，让你从视觉、听觉、味觉全方位感受平陆运河沿线的风土人情和深厚的文化底蕴，领略运河的美和趣。

二月二龙抬头

龙抬头（农历二月初二日），又称春耕节、农事节、青龙节、春龙节等，是中国民间传统节日。

龙指的是二十八宿中的东方苍龙七宿星象，每岁仲春卯月（斗指正东）之初，龙角星就从东方地平线上升起，故称“龙抬头”。

在农耕文化中，“龙抬头”预示着阳气生发，雨水增多，万物生机盎然。自古以来人们亦将“龙抬头”作为一个祈求风调雨顺、驱邪消灾、纳祥转运的日子。

平陆运河沿岸的老百姓在仲春“龙抬头”这天敬龙庆贺，以祈龙消灾赐福、风调雨顺、五谷丰登。人们有祭社习俗，多以祭土地神为主。祭社结束后以抽签定下来年的操办人选，谁抽到猪头，来年就负责张罗。这个风俗习惯被一代代地传承下来。

“二月二龙抬头”是民间传统习俗中重要的习俗之一，它的寓意非常深远，而且在不同地方有不同的活动和说法，整体都是以祈福为主。

抽中“社王”
钟智勇 摄
拍摄地点：横州平塘江口
拍摄时间：2023 年 2 月 21 日

“社王”

廖立刚 摄

拍摄地点：横州市平塘江口

拍摄时间：2023 年 2 月 21 日

舞狮与“笑脸”

廖立刚 摄

拍摄地点：横州市平塘江口

拍摄时间：2023 年 2 月 21 日

南乡镇杨梅节

横州市南乡镇素有“水果之乡”“大头菜之乡”的美誉，更有“杨梅之乡”的美称。南乡镇有着百年的杨梅种植历史，据不完全统计，2024 年全镇杨梅种植面积约 14.6 公顷，种植杨梅树约 6600 棵。

南乡镇杨梅节是集旅游推介、文化交流、民俗活动、农产品展销等为一体的盛会。杨梅节设置摘新鲜杨梅、游南乡梅景、玩民族项目、赏民俗表演、听山歌对唱、看文艺汇演、逛特产展销、吃南乡美食等多个环节。广西“三月三”，人们可以到南乡体验杨梅节。从南乡街渡口上船，一个小时的船程便可到达世纪工程平陆运河的起点——平塘江口，乘船经过陈塘村，看看大头菜种植，品尝南乡杨梅，游山水风光，体验休闲安逸的田园生活。

杨梅
廖望 摄
拍摄地点：横州市南乡镇
拍摄时间：2023 年 4 月 15 日

钦州跳岭头

跳岭头是钦州一带壮族、汉族文化融合共生的综合性民族民间节庆习俗活动。在钦州市各县、区都有这种活动，主要分布在钦南区、钦北区、灵山县和浦北县的壮族与汉族村寨，至今已有470多年的历史。据明嘉靖《钦州志》记载："八月中秋，假名祭报，装扮鬼像于岭头跳舞，谓之跳岭头。男女聚观，唱歌互答，因而淫乐，遂假夫妇，父母兄弟恬不为怪。"

跳岭头由舞蹈和音乐两部分组成，舞师根据舞段的角色穿相应的服饰并戴好面具，表演带有角色个性的程式舞蹈，以打击乐器蜂鼓和铜锣伴奏。傍晚时分，班首主持"开坛"仪式后，舞师连续表演"扯大红、跳三师、跳师郎、跳忠相、操兵、跳四帅、抛云梯、跳仙姑"等舞段。表演通宵达旦，最后跳"收精、赶龙船"舞段象征性地把代表邪魔、瘟疫的精头收在纸糊的龙船里，送到河边烧掉，表示从此灾害随水流逝，昭示吉祥安康。

跳岭头以民间信仰为依托，吸纳和展示丰富的民族民间歌舞、戏剧等文化元素，融节日习俗、信仰习俗、村社习俗、宗教习俗、娱乐习俗为一体，具有较高的学术价值。它源于壮族本土文化，同时吸收了汉族节日文化，是壮、汉民族文化交流与融合的产物，对促进民族大团结与文化交流有着十分重要的价值。

2014年，钦州跳岭头被列入第四批国家级非物质文化遗产代表性项目名录民俗类项目。

钦州市钦南区跳岭头
廖立刚 摄
拍摄地点：钦州市
拍摄时间：2023年3月9日

烟墩大鼓

烟墩大鼓因主要流传于钦州市灵山县烟墩镇而得名，此外还流传于该县平南镇、沙坪镇及相邻的南宁横州市南乡镇等地。清乾隆《灵山县志》载，“六月六日，多延尸（师）公击土鼓以迓田祖”，描述了当时的灵山师公在使用烟墩大鼓祭神拜祖情形。这里记载的土鼓指的便是烟墩大鼓。

灵山县烟墩镇民间喜爱大鼓已成传统习俗，每年正月十五是传统节日大鼓节。烟墩大鼓以其工艺精巧、形状独特、用法罕见、鼓韵铿锵久负盛名，堪称“华夏一绝”。烟墩大鼓用樟木或楠木、牛皮、篾条、竹钉、木钉、木块等原材料手工制作而成，由鼓面、鼓身（鼓桶）、鼓脚（鼓垫）三部分构成，上宽下窄，呈蕉蕾状。鼓面直径 1.3 至 1.8 米，鼓高 2 至 3 米，鼓重 20~350 千克；鼓棒成双，长 16~26 厘米，用硬杂木条修成。鼓声如雷鸣，声达数里，声震瓦掉，塘鱼惊跃，地动山摇。韵律节奏鲜明，快、中、慢结合形成“起鼓、促鼓、压鼓、收鼓”的独特打法。

烟墩大鼓承铜鼓遗风，于明代后期演化而成。鼓形演化变大，洪亮的鼓声为各村传送战争的信号，也利于吓跑猛兽，后来成了祭祀、娱乐、体育竞技等民间活动，以示平安、祈福、驱邪、助兴、好年瑞景等。春节期间，大鼓声昼夜响彻全镇上空。大鼓节当天，各村群众更是鼓兴大发，一大早就统一着装，把大鼓搬到镇上竞赛表演，参与人数多达数万，数百巨鼓齐响，伴以腾龙、醒狮、锣钹、鞭炮，场面恢宏，声威大震。

2008 年，烟墩大鼓入选第二批自治区级非物质文化遗产保护名录传统音乐类项目。

非遗传承人施绍汉在制作烟墩大鼓
廖立刚 摄
拍摄地点：灵山县烟墩镇
拍摄时间：2024 年 7 月 10 日

钦州采茶戏

钦州采茶戏历史悠久，主要流传于钦州市区及灵山县、浦北县，是桂南采茶戏的一种。钦州采茶戏，顾名思义，自然与采茶相关。钦州地处广西南部，气候温暖湿润，适宜茶叶的生长。据明嘉靖《钦州志·卷二》食货饮馔属所载："茶产新立、永乐诸山，不甚佳，新茶银一两可买五斤，老者三斤。"钦州采茶戏约于清代乾隆年间由江西传入，至今已有两百多年历史，主要以钦州白话作为表演语言，以茶腔为主要唱腔，几经流传和变革，已成为具有钦州地方特色的地方剧种，深受群众喜爱。

据记载，明清时期，每逢谷雨时节，在盛产茶叶的地方，人们往往会一边采茶一边唱采茶歌，有的是为了表达丰收的喜悦，有的则是为了表达对爱情的渴望，都是对美好生活的向往。由于采茶歌的内容大多抑恶扬善、弘扬美德、健康向上，受到人民群众尤其是农村群众的喜爱。请唱一场采茶戏，已成为本地众多群众在逢年过节、婚嫁喜事、满月做寿时的首选。

2006 年，桂南采茶戏被列入第一批国家级非物质文化遗产名录传统戏剧类项目。2008 年，钦南采茶戏入选第二批自治区级非物质文化遗产代表性项目名录传统戏剧类项目。2016 年，钦北采茶戏入选第六批自治区级非物质文化遗产代表性项目名录传统戏剧类项目。2023 年，灵山采茶戏入选第九批自治区级非物质文化遗产代表性项目名录传统戏剧类项目。

采茶戏老照片

钦州市地方志办公室供图

钦州造船技艺

钦州的传统造船业可圈可点，至今已有600多年历史。据《钦州市志》记载：“清光绪年间，钦州尚无汽车运输，水上运输一度繁忙，在钦州至北海的航线上，常有大三桅帆船（称红单船）载满棉纱、布匹、药材、杂货在龙门或沙井泊岸。”钦州传统船舶设计和建造技艺，是一代又一代工匠言传身教流传下来的。造船工匠在造船的实践中积累了丰富的经验，对各种船只的结构、尺寸比例（包括整艘船和各个部件）、特征和性能都了如指掌，有的工匠还会画粗略的图样和简单符号，或者先设计制作船模然后再按照船模建造船只，他们就是依据这些来建造船舶的。这样历代沿袭，形成了一种被普遍采用的造船技艺，这虽然是经验性的初级船舶设计方法，却是历代造船工匠的心血结晶。钦州传统造船技艺是我国传统造船业的一个重要组成部分，见证了钦州传统造船业的兴衰历程，为现代船舶建造提供借鉴。在造船技术不断进步的今天，铁船日益推广普及，传统造船技艺逐步消失，我们应当保护好钦州的传统造船技艺。

2016年，钦州造船技艺被列入第六批自治区级非物质文化遗产代表性项目名录传统技艺类项目。

造船技艺

钦州市文化广电体育和旅游局供图

灵山傩面具

灵山傩面具俗称“鬼面壳”，又称岭头舞面相，是灵山跳岭头表演中用于塑造各种角色的主要标志和重要道具。清道光《钦州志》记载：“八十五日为中秋节……延巫者著花衣裙，戴鬼脸壳击两头鼓，狂欢跳跃于神前，村男妇于坛戏歌，互相唱和，名曰跳岭头。日不如此，则年不丰稔。”

灵山傩面具不仅用于跳岭头表演，还用于传统结婚仪式的“跳南堂”及丧事、祭祀等仪式。面具分为“师”和“相”两类。师，是竹编纸糊或皮封的平面面具。相，是木雕的立体面具。

灵山的傩面具，多是用樟木为料，雕刻后彩绘。首先，艺人把樟木风干后锯成宽 20 厘米、长 30 厘米、厚 15 厘米的两头平、上弧下平的木料，先劈毛坯，镂空背面，边镂边粗刻面孔，兼顾前后。刻好了基本型，就进一步精刻面部，根据神的具体特点细心雕刻，刻好后反过来继续镂薄背面，使其适于面戴。然后，在眼睛的地方镂挖穿眼的两边眼角，保留眼珠，并钻穿鼻孔（因为灵山傩表演时艺人多是戴“全相”即完全覆盖脸部的面具，这样便于眼睛左右观察，表演自如）。最后，整体检查一遍，认为满意了就开始打磨光滑，初盖底漆，干后上彩，描眉目，上金饰，漆干透后再涂一次盖面漆，干后，装上胡须，面具就完成了。

2016 年，灵山傩面具入选第六批自治区级非物质文化遗产代表性项目名录传统美术类项目。

傩面具
廖望 摄
拍摄地点：灵山县
拍摄时间：2022 年 7 月 10 日

傩面具

廖望 摄

拍摄地点：灵山县

拍摄时间：2022 年 7 月 10 日

钦州坭兴陶烧制技艺

钦州坭兴陶学名紫泥陶，取钦江东、西两岸不同硬度的白泥和红泥，经淘洗、选练、拉坯成型、雕刻、烧制、打磨而成。坭兴陶主要分布于钦州市钦江两岸，历史上主要在钦州南鱼寮横街集中设店经营，形成一条坭兴巷，即烟斗巷。

坭兴陶以钦州特有的优质紫红朱泥原料为主体，经严选细练，采东、西泥之结合，东软为肉，西硬为骨，挖取东泥、西泥后，按软六硬四混合，骨肉相互支撑得当，方能制作出上乘之品。将东泥、西泥按一定的比例混合后，经过湿球磨、过筛、沉淀、压滤、真空练泥等工序，备好可塑坯料，然后通过拉坯成型。钦州坭兴陶最大的特点是不施釉而采用雕刻进行装饰。装饰艺术上采用雕、刻、剔的技法，在泥坯上雕、刻、剔出花卉、人物、山水等图案，并可填入白、赭等色泥抹平。坭兴陶因用料内含丰富的三氧化二铁成分，经烧制还原成氧化铁、氧化亚铁显铁青色。铁青色与原料紫红色混合在一起，由于窑炉中的气氛不同，氧化还原程度不同，其显色亦产生微妙的变化，同一窑炉中的每件器物成色都不同，显得别具一格。同时，坭兴陶经烧制产生窑变，偶有极少量的坯体在原来铁红色的基础上隐约呈现出古铜、紫红、铁青、金黄、墨绿等多种色泽，天斑、虎纹等纹路变化。经高温烧成后，打磨掉表层氧化物，加以精工琢磨光滑，形成“白器红花”或“红器白花”，甚为雅致。

2008年，钦州坭兴陶烧制技艺被列入第二批国家级非物质文化遗产名录传统技艺类项目。

坭兴陶原材料
钦州市地方志办公室供图

坭兴陶古龙窑
廖立刚 摄
拍摄地点：钦州市
拍摄时间：2023 年 3 月 19 日

坭兴陶非遗传承人优秀展品
廖立刚 摄
拍摄地点：钦州市
拍摄时间：2024 年 3 月 19 日

钦州粤剧

据《钦州市志》记载，粤剧原叫广府戏，亦称“大戏”，约于清朝末期由省港（广州、香港）和湛江一带传入。民国时期，广东粤剧班分为上六府班和下四府班，钦州的戏班属下四府班。20 世纪 30 年代以前，其所演出的剧目、锣鼓、曲牌大体上与上六府班的相同，但表演程式、武功技巧却有独自的特色，自成流派。20 世纪 30 年代后，钦州的戏班逐渐向上六府班看齐，用粤语代替“官话”，并不断引进省港流行剧目和上六府班的演员，本身的表演特色和传统技巧逐渐消失。至新中国成立初期，钦州戏班（下四府班）已无独自的艺术风格。

民国时期，粤剧在钦州颇为流行，在县城和圩镇几乎都成立过业余粤剧团。抗日战争期间，钦州许多圩镇的粤剧团活动频繁，经常编演一些宣传抗日的剧目。除本地粤剧团（班）外，还间有粤剧“广府班”“过山班”来演出。尤其在春节、中秋节期间，县人习惯唱戏酬神，县城和较大圩镇都喜欢聘请粤剧团来酬神公演，少则 3 天，多则半月，十分热闹。新中国成立后，钦州除建有一个专业县（市）粤剧团外，在县城和大圩镇还有一些时聚时散的业余粤剧团，外地粤剧团有时亦来钦州演出。1985 年以后，粤剧受到流行音乐、录像、电视等的冲击和影响，许多业余粤剧团逐渐解体。近年来，业余粤剧演出队伍有所减少，但粤剧这朵艺术之花，仍为钦州群众所喜爱。

2016 年，钦州粤剧入选第六批自治区级非物质文化遗产代表性项目名录传统戏剧类项目。

钦州粤剧
廖立刚 摄
拍摄地点：钦州市
拍摄时间：2023 年 4 月 10 日

钦州海歌

海歌起源于明清时期，在钦州市钦南区犀牛脚镇、东场镇、康熙岭镇一带广为流传，至今已有数百年历史。海歌经由沿海一带的渔民用方言（犀牛脚海察话）演绎发展，区别于采茶戏，逐渐成为当地群众喜闻乐见的民间文艺。

海歌歌词常采用比兴、双关手法。比兴、双关，民间俗称“小头”，即一句歌一个山头的叫“双支头”歌，两句歌一个山头的叫“单支头”歌。曲式上，海歌采用四乐句的乐段结构，也有八字结构、七字结构等。调式上主要以五声调式为主，其中以角、羽两调较为常用，曲调按词行音。

20 世纪 80 年代后，新的艺术形式层出不穷，海歌这一传统文艺，逐渐退居偏僻的角落。后经重新创作的剧目，吸收海歌民歌和戏曲的优点，使海歌不断丰富和发展，连续两届取得了广西戏剧展演桂花金奖和全国少数民族曲艺展演最佳创作奖及节目银奖的好成绩。

2018 年，钦州海歌入选第七批自治区级非物质文化遗产代表性项目名录曲艺类项目。

钦州海歌
廖立刚 摄
拍摄地点：钦州市三娘湾
拍摄时间：2023 年 4 月 10 日

冯子材传说

冯子材（1818—1903），字南干，号萃亭。广东钦州（今广西钦州）人。行伍出身，晚清名将。咸丰元年（1851 年），参加刘八领导的天地会起义军，旋降清军，补千总。随向荣、张国梁尾追太平军，围困天京，擢副将、总兵。同治元年（1862 年）升广西提督。光绪元年（1875 年）调任贵州提督。光绪七年（1881 年）回任广西，次年“称疾”回家。光绪九年（1883 年），法国挑起中法战争，滇桂边境紧张。应两广总督张树声之邀督办广东高、雷、钦、廉四府团练，参加抗法战争。光绪十一年（1885 年）初，督办广东军务大臣彭玉麟，新任两广总督张之洞荐他为广西关外军务帮办，任前敌统帅。亲率士兵于镇南关（今广西友谊关）内十里的关前修筑长墙，在东、西两岭设置炮台，严加防守。派王孝祺、王德榜、苏元春所部驻各要地，成纵深梯队阵势。3 月 23~24 日，指挥将士击溃来犯法军，歼敌两千余人。之后乘胜克复谅山，伤法军司令尼格里，取得“镇南关—谅山大捷”。法国茹费理内阁因此倒台。清廷下诏停战，冯被迫撤军回国，会办广西边防。光绪十二年（1886 年）授云南提督，以疾未到任。光绪二十年（1894 年）赏加尚书衔。中日甲午战争爆发后，奉调驻守镇江，战后仍回广西。光绪二十五年（1899 年）任云南提督。两年后又调为贵州提督。光绪二十九年（1903 年），为会办广西军务大臣，不久病逝，谥勇毅。

钦州民间流传着许多关于冯子材的传说，尤其是他爱国为民的传说，广为流传。冯子材的传说收集有 16 则，分别为：《州官救火》《冯子材和三婆庙》《黑四惊吓土地公》《绝处逢生》《黑四偷鸡》《衣锦还乡》《慈禧贺寿》《粤督请将》《抬棺出征》《剖腹验粉》《阴兵渡江》《南关大捷》《迷魂计》《巧设阴钱计》《铜钱弹炮打法舰》《雷劈龟亭》。这些传说主要记述冯子材带有传奇色彩的出身，指挥镇南关大战，治军谋略，修庙建寺、兴校架桥等善事以及反贪污反腐败等事迹，反映了冯子材在军事上和社会生活中表现出的智慧和高贵品格。

2012 年，冯子材传说入选第四批自治区级非物质文化遗产代表性项目名录民间文学类项目。

冯子材雕像

廖立刚 摄

拍摄地点：钦州市

拍摄时间：2023 年 5 月 19 日

刘永福雕像
廖立刚 摄
拍摄地点：钦州市
拍摄时间：2024 年 7 月 9 日

刘永福传说

刘永福（1837—1917），本名义，字渊亭。广东钦州（今广西钦州）人，卒于钦州。刘永福是晚清名将，先后参加郑三、吴亚忠领导的反清义军——以七星黑旗为军旗的“黑旗军”。同治十二年（1873年）应越南政府之邀，率黑旗军在河内西部大败法军，毙其头目安邺，收复河内。光绪十年（1884年）8月，清廷对法宣战，授刘永福记名提督，令与吏部主事唐景崧共同抗法。刘永福派兵与滇军围困法军在越南的战略要地宣光城，光绪十一年（1885年）3月取得临洮大捷。光绪二十年（1894年）中日甲午战争爆发，他率黑旗军渡台帮办军务。光绪二十一年（1895年）6月，日军进攻台北，台湾人民组织义军奋起反抗。刘永福亲驻台南领导抗战，与台湾义军合作，在新竹、苗栗、彰化、嘉义等地，给日寇以沉重打击。相持近5个月，拒绝侵台日军司令桦山资纪的劝降。清廷断绝援台，于台南陷落前返回大陆。1915年，对日本提出旨在灭亡中国的“二十一条”极为愤慨，请缨杀敌，未果。

钦州民间流传着许多关于刘永福的传说，包括刘永福领导黑旗军抗法和抗日的传奇，以及其为民锄强扶弱的传奇等。刘永福的传说收集有16则，分别为：《稻草计》《翻生计》《木叶阵》《猪笼阵》《增灶减员破强敌》《智取三炮台》《夜打无人仗》《克复河内》《蓄水淹番兵》《巧用马号战番兵》《山羊与白鸽》《一撮红须》《巧用野菜治日倭》《图穷匕见》《解酒法》《义罚潘富令》。前15则传说是关于刘永福领导黑旗军抗法和抗日的传奇，《义罚潘富令》则是其为民锄强扶弱的传奇。这些传说反映了刘永福在军事上和社会生活中表现出的智慧。

2017年，习近平总书记在视察广西期间，对刘永福给予高度评价，特别提到了刘永福保台抗日的历史功绩，称赞刘永福是令国人“扬眉吐气”的民族英雄。

2012年，刘永福传说入选第四批自治区级非物质文化遗产项目名录民间文学类项目。

冯敏昌传说

冯敏昌（1747—1806），字伯求，号鱼山，壮族，清代广东钦州（今广西钦州）人。乾隆四十三年（1778 年）进士，为翰林院庶吉士，授编修。乾隆四十九年（1784 年），任会试同考官。改任刑部河南司主事，后任户部浙江司主事。他为官正直，办事认真，诰授奉政大夫。

他学识渊博，功力深厚，其诗被推为乾嘉间岭南一大宗，其在经学、教育、散文、金石、书法、绘画等方面也各有建树。清代著名书法家翁方纲说他“以纯笃至行而兼众长，艺林中殆不多见”。

他以孝闻名，“丧父失母，前后水浆不入口者，七、八日，啜粥者二百日，在父墓旁结庐守孝三年。不饮酒茹荤者六年，身瘦仅存皮骨”。

钦州民间流传许多关于冯敏昌孝敬父母、忠心爱国、全心为民、热心教育的故事。这些故事远近闻名，妇孺皆知。民国版《钦县县志》把他分别载入《良师列传》《孝友列传》和《乡贤列传》。《广东文物》载文称他为“粤省名儒”。

2020 年，冯敏昌传说被列入第八批自治区级非物质文化遗产代表性项目名录民间文学类项目。

冯敏昌雕像

钦州市地方志办供图

八音

唢呐
钦州市地方志办供图

八音属于民间曲艺中的吹打乐类，多为散曲，格调多样。

据《钦州市志》记载，八音有壮族、汉族两大流派。前者主要流行于钦州市西北部壮族和汉族聚居地区，其乐曲已记录、收入《广西八音集成》钦州地区分卷，共有 38 首。后者主要流行于钦州市东南部汉族聚居地区，已记录、收入上述书籍的乐曲有 31 首。演奏以上乐曲的组织称为八音班。钦州的八音主要流行于钦北、灵山、浦北。钦州较有名的八音班是钦北那蒙的八音班、青塘的八音班、灵山大里的八音班、漂塘的八音班。

八音属于又吹又打的一种民间曲艺。民国初期，钦州八音只有两支祖传下来的号筒、两把自制的二胡、两支自制的笛子，演奏员一般是 4 至 6 人。到了 20 世纪二三十年代，八音班乐器逐渐增加，月琴（以前叫砧板琴）、秦琴、大胡、锣、鼓、镲、叮叮等相继加入，人员也增加到 10 多人。目前，八音班人员不断壮大，演奏水平也有较大提高。钦北区的八音班乐器组成大致有高、低音唢呐各一支，低音号筒两支，二胡两把，二弦、秦琴、月琴或三弦各一把，笛子两支，两面鼓、单叮一只，凸锣一面，小钹一对；灵山县的八音班乐器组成大致有大唢呐一或二支，武锣、苏锣各一面，鼓一面，钹一对。

钦州八音主要用于民间的嫁、娶、丧、醮（消灾）、祭祖、祝寿、满月、贺新屋、游神、舞龙、舞狮、舞凤、舞蝙蝠等。旧时民间结婚所用的八音班有一定的摆法。各地都是根据当地当时的习俗、环境、气氛、场合的不同而选用不同的流行乐曲。

2008 年，钦州市钦北区八音入选第二批自治区级非物质文化遗产代表性项目名录曲艺类项目。

第六篇

山 川

李超云
柳玉秀
周珍朱

山川，乃大地之筋骨，血脉之所在，山与川共同编织着激昂交错的八桂大地交响曲。新时代的平陆运河，犹如这交响曲中最动人的乐章，它不仅是人类智慧与自然伟力的交响，更是梦想与勇气共同铸就的壮丽诗篇。

古老的西江是八桂大地上的主动脉，奔流不息穿越广袤腹地。于西南一隅流出的西江上游段——郁江，滋养着这片土地，使之焕发出勃勃生机与无限活力。平陆运河正是从郁江支流沙坪河启程，承载着人们对浩瀚海洋的无限憧憬，踏上了一段惊心动魄的探索之旅。

在平陆运河的第一个阶梯——马道枢纽，十万大山余脉铜鱼山傲然挺立。天才少年冯敏昌在《铜鱼山》中写道："铜鱼山高一百尺，山头井深不盈尺。……林峦清旷无古今，公应未减真颜色。"铜鱼山如同天然的屏障，将沙坪河与旧州江分隔于出水坳两侧，两河虽近在咫尺，却未曾相见。平陆运河吹响了前进的号角，宣告着向海图强的决心，誓要改写山川旧貌。沙坪河终将冲破出水坳的束缚，与旧州江携手并肩，共同流向钦江之畔。

钦江源出灵山县罗阳山北，自东北向西南蜿蜒流淌，跃出龙门港，最终汇入茅尾海，奔向更宽广的海洋。龙门港，宛如一条蓄势待发的巨龙，随时准备在钦州湾掀起一场风生水起的壮阔波澜。

展望未来，平陆运河将成为连接西江与北部湾港的金色纽带，不仅勾勒出更加雄伟壮观的山川画卷，更将成为河流与大海和谐共生的奇迹之地。在这里，人类的梦想与自然的力量将完美融合，共同书写关于勇气、智慧与和谐共生的美好篇章。

横州西津上游郁江
廖立刚 摄
拍摄地点：横州市
拍摄时间：2023 年 2 月 20 日

十万大山余脉——铜鱼山

十万大山自防城港市防城区逶迤而来，呈西北—东南走向，在钦州境内绵亘 20 余千米，重峦叠嶂，俨若长城。铜鱼山（又称古窦岭）山脉是十万大山的余脉，它与六万大山余脉罗阳山在钦州市灵山县旧州镇一带错落交接，西南—东北方向横卧，是钦州市境内的主要山脉之一，海拔 629.5 米。高山常年云雾弥漫，雨量充沛，湿度较大。清乾隆进士冯敏昌（今钦北区大寺镇马岗村人）多次登山游览，有感于姜公辅求学精神，取"鱼山"为号以自励，并赋《铜鱼山》诗："铜鱼山高一百尺，山头井深不盈尺。……林峦清旷无古今，公应未减真颜色。"铜鱼山东南面是钦江，西北面是茅岭江，正北方是郁江支流沙坪河。铜鱼山成为西江水系和钦江、茅岭江水系的分水岭。

由于重重大山阻隔，西江水系河流和北部湾海洋虽近，却江海不能贯通，广西大部分河流不能就近入海。平陆运河便是要劈开山岭，将分水岭北侧沙坪河和南侧钦江支流——旧州江相联通，在山岭上开出一条人工天河，从而沟通江海水系。

平陆运河越岭段正处于铜鱼山山脉末端的出水坳位置。坳，指山脉中低凹

的地方。由于两边山峰产生巨大的压力，坳中间被挤出一眼泉水，泉水终年溢流，故名“出水坳”。出水坳自古就颇有名气，是历代的交通要塞。特别是清代至民国这段历史时期，铜鱼山两侧（即两广地区）大部分人流和物流从此经过，是我国近代区域经济大动脉的关键节点，对形成“西米东盐”的经济格局起到极大的促进作用。20 世纪 70 年代，灵山县太平镇修思明水库，把水引到旧州镇灌溉农田，到了出水坳被阻住，在政府的号召下，当地人大干苦干，在出水坳打通隧道。

分水岭一带的山脉也是灵山和横州市天然的分界岭。据清乾隆《横州志》载：“分界岭在州西南一百二十里，南界灵山，其麓有大墟，为横灵民贸易处。”分水岭一带的主要山峰有鸡笼顶，海拔 604.3 米，位于灵山县旧州、三隆、那隆、烟墩 4 镇之间；白马山，海拔 512.3 米，位于灵山县旧州镇西面、太平镇东面。以上山脉、山峰，种茶历史悠久，有清代以来的古茶园和改革中开辟出的新茶区。

平塘
廖立刚 摄
拍摄地点：横州市新福镇
拍摄时间：2022 年 9 月 6 日

平塘江上游段

廖立刚 摄

拍摄地点：灵山县

拍摄时间：2022 年 9 月 3 日

铜鱼山分水岭
廖立刚 摄
拍摄地点：灵山县
拍摄时间：2022 年 9 月 3 日

郁江

郁江，俗称南江，是珠江流域西江水系最大的支流，从横州界至贵港境内，以上为黔江，以下为浔江。郁江古称“鬱水”，是指今天右江—郁江—浔江—西江河段。《山海经》曰：“鬱水出象郡，而西南注南海。”清乾隆《横州志》载：“鬱江在州西学宫前，形环如月，又名月江。自动用塘至横石矶，皆为鬱江，即左江也。上通永淳，下达贵县，源出广源山。”时代变迁，民族交融，大浪淘沙，而今，一个“鬱”的简体字“郁”仍在维系着古鬱水的历史印记。

郁江有南、北二源，北源右江为正源，发源于云南省广南县境内的杨梅山；南源左江发源于越南境内。左、右江在南宁市江南区江西镇宋村汇合后，流经南宁市城区、横州市、贵港市，至桂平市与黔江汇合而止。河长1152千米，总落差1655米，平均坡降1.4‰，平均径流量418亿立方米，流域面积9.22万平方千米，在广西境内为7万平方千米，占西江水系总面积的34.5%。

作为西江黄金水道的最大支流，郁江航行条件较好，沿岸航运事业发达。然而新中国成立前并非如此。1949年之前，由于江险滩多，航行不便，西津上游的三十里长滩、克扣滩、横柴滩，西津下游的鸡儿滩、地伏滩、伏波滩（又名乌蛮滩），常有触礁沉船的事故发生。清末有《过乌蛮滩入伏波庙》一诗：“郁水经此滩，谈者各动色。一川中奔泻，两岫旁崱屴。役夫良易恫，凭险取血食。”道尽了郁江乌蛮滩的险恶和船夫为博生计的辛酸。新中国成立后，人民政府大力疏浚河道，凿石破礁，设标安灯，使航道畅通无阻，特别是1965年在西津建成了电站，将郁江水位抬高了20米，三十里长滩、三门、横柴、磨面等10多个险滩，全部“销声匿迹”，轮船在伏波滩也能航行。这为平陆运河建设创造了条件。

郁江乌蛮滩北岸有伏波庙，始建于东汉建初三年（78年），是人们为纪念东汉伏波将军马援而建。这里青山、绿水、古庙交相辉映，形成了横州古八景之一“乌蛮积翠”。

郁江晚霞

廖立刚 摄

拍摄地点：贵港市

拍摄时间：2022 年 6 月 12 日

郁江横州段
廖立刚 摄
拍摄地点：横州市
拍摄时间：2022 年 6 月 12 日

平塘江口

平塘江口是平陆运河的起点，位于南宁市横州市新福镇平塘村。平塘村在新福镇境东部，镇人民政府驻地往东北 17.2 千米，东接南乡镇陈塘村，南连南乡镇五合村，西邻丕地村，北隔郁江与莲塘镇石柱村相望，辖江口圩、平塘、青山、新村 4 个自然村。村委会驻江口圩，村民多为汉族。

平塘近郁江，多水域，坐落在四面环山的平坦盆地上，恰是宽平水塘，故名平塘。明永乐十九年（1421 年）由横州海棠桥人迁建，称平塘村至今。

作为平陆运河起点的横州市新福镇平塘村江口街，已有两千年的商业史。平塘江口地处百色至广州的主流河畔和钦州至江口的支流交汇点，水上交通十分便利，自古就是钦盐北运的要道。据平塘村现存史料记载，江口盐关自汉朝起设司盐，管理盐务行政事务，历史上曾经有八个朝代在此设立盐关。据史载，西晋太康七年（286 年）置简阳县，平塘村为县治所在地；简阳县在南朝宋改为涧阳县，齐复名简阳县，隋开皇九年（589 年）平陈后废。那时的平塘村江口街码头人流如织，热闹非凡，商贸往来繁盛，盐运发达，文化底蕴深厚，具有“盐都”的美誉。

如今，南宁市、横州市正全力服务保障平陆运河项目建设，统筹推进平陆运河经济带建设，研究布局东部新城，规划构建现代化综合立体交通物流体系。平塘江口区域未来规划建设南宁临港产业园，进一步拓展城市产业发展空间，实现“港产城海”融合发展，助力首府高质量发展。

沙坪河

沙坪河，又名平塘江，郁江右岸一级支流。发源于邕宁区百济镇，流入横州市境后，经新福镇的三阳、平塘注入郁江，干流全长约 82 千米，流域面积 528 平方千米左右。清乾隆《横州志》载："平塘江在州西南六十里，又名陈埠江。源出钦灵，入州境西宁墟，至平塘村合于鬱江，因名。"1964 年，西津电站蓄水后，从三阳村以下变成了西津水库区。200 吨级的货轮可直达河流上游的灵山县沙坪镇。

流域属丘陵地区，西南高东北低，多以壤土为主。流域地处亚热带海洋气候区，夏长冬短，雨量充沛，流域多年平均雨量 1570 毫米。多年平均径流量 3.69 亿立方米。

沙坪河上游段灵山县境内建设有中型水库思明水库，集水面积 33.2 平方千米，总库容 1440 万立方米，水库以灌溉为主兼顾发电；建设小型水库 25 座，总控制面积 52.7 平方千米，总库容 2926 万立方米；上游段沙坪镇是灵山县最北面的一个大镇。

沙坪河
廖立刚 摄
拍摄地点：灵山县
拍摄时间：2024 年 7 月 9 日

沙坪河航道
廖立刚 摄
拍摄地点：灵山县
拍摄时间：2022 年 6 月 19 日

沙坪河沿岸分别为新福镇与沙坪镇
廖立刚 摄
拍摄地点：灵山县
拍摄时间：2022 年 6 月 19 日

旧州江

旧州江在灵山县西南，为钦江支流，发源于旧州镇双凤三角石（鸡笼顶东北麓），总落差 32 米，河流长 38 千米，集雨面积 186 平方千米，年均径流量 1.82 亿立方米。《明一统志》载："旧州江在灵山县西六十里。源出流洞山，西会南岸江，入钦江，注于海。"

流域内建有小（1）型水库琴茶水库，小（2）型水库有大虫坑、深坑麓水库等 8 座，以及一些塘库，水库工程共控制集雨面积 9.03 平方千米，总库容 523 万立方米。

旧州镇在隋唐时期是钦州州府的所在地，有 1000 多年的历史，拥有千年文化古镇的名片和客家人文化传说。钦州故城遗址位于旧州镇政府的西部，占地面积约 2 公顷。1981 年定为自治区级文物保护单位并立碑公布保护。

旧州江
解春涛 摄
拍摄地点：灵山县
拍摄时间：2023 年 3 月 24 日

钦江

钦江发源于灵山县罗阳山北，从东北向西南流经平山、佛子、灵山县城、陆屋，入钦州市境后经青塘、平吉、钦州镇、沙井等处汇入茅尾海（钦州湾），全长179千米，流域面积2457平方千米，多年平均年径流量20.3亿立方米，河道坡降0.31‰。明嘉靖《钦州志》载："钦江在州城东门外。发源自灵山洪崖都阳山下，流经县治而南合旧州水车二江水，其流渐大。绕州治而东，随转而南三里分一小江。而西绕孟涌之北，转而南出猫尾，西向涌沦其大江南行，绕文笔山而东，至猫尾合渔洪江出龙门，入于海。"

习惯上，灵山县陆屋镇以上河段称为鸣珂江（也称陆屋江），陆屋以下河段称为钦江。钦江为钦州市工农业生产生活的重要水源，是钦州人民的母亲河。江上有诸多水利工程，较大的有源头的灵东水库。1960年，在钦江下游附城公社沙坡村（今钦州市钦南区沙埠镇沙坡村）建成青年水闸。

流域地势由东北向西南逐渐降低，灵山县城以上为低山丘陵地形，灵山县城至青年水闸为低丘、残丘平原地形，青年水闸至河口三角洲为钦州盆地，地面平坦、开阔，海拔高程在10~12米。灵山县城以下河谷开阔，岸坡低矮，两岸阶地发育对称，地面平坦，沿江两岸多为耕地，系灵山县、钦南区、钦北区的主要粮食产地。

流域属南亚热带季风气候，多年平均降水量1712毫米，年内分布极不均匀，大部分降水集中在5~8月，占全年降水量的60%以上，多年平均径流量22.11亿立方米。

新中国成立初期，钦江中、下游常年可通航。丰水季节，15吨位船只可从钦州镇（今钦州市区）溯江而上通至灵山县檀圩，航程110千米；枯水季节，钦州至陆屋河段可通4吨位的木船。1958年以后，沿江建起5座拦河闸坝和过船闸，由于船闸没有配套，加上河道淤积，丰水季节10吨位的船只仅能通航至陆屋，航程约80千米。平陆运河建成以后，陆屋以上河段可通行5000吨级船舶。

江口街位于平陆运河起点，有绵延两千年的商业史，曾是八个朝代的盐埠。据史载，江口自汉朝起设盐政机构和驿站，五湖四海的盐商云集于江口街，开盐厂加工食盐，后通过水运将盐运往全国各地，带动江口街各行业的兴旺。

江口街的乡亲们
廖立刚 摄
拍摄地点：横州市
拍摄时间：2022年5月1日

平陆运河以南宁横州市西津水库库区的平塘江口作为起点，将河道拓宽浚深、裁弯取直，沿沙坪河向南，跨分水岭与旧州江、钦江连接，直达钦州市灵山县陆屋镇后，由钦州茅尾海出海，全长134.2千米，以航运为主。

平陆运河起点：平塘江口
廖立刚 摄
拍摄地点：横州市
拍摄时间：2022年5月1日

龙门七十二泾
廖立刚 摄
拍摄地点：钦州市
拍摄时间：2024年7月29日

平陆运河入海口
廖立刚 摄
拍摄地点：钦州市
拍摄时间：2022 年 5 月 1 日

钦江 · 嬉戏
廖立刚 摄
拍摄地点：灵山县
拍摄时间：2023 年 7 月 21 日

龙门港

龙门港位于钦州市钦南区的龙门群岛上，扼守茅尾海通向钦州湾外海的咽喉要道。群岛中，龙门岛、果子山、亚公山、簕沟岛、鹰岭、青菜头、麻蓝头等较为有名。龙门港是南方天然深水良港。龙门港镇政府在群岛的最大岛屿龙门岛上，面积约 10 平方千米。据明嘉靖《钦州志》记载，因茅尾海出口两侧的山脉蜿蜒起伏如同巨龙，东西对峙如门，故名“龙门”。无论是龙门群岛、龙门港镇还是龙门大桥，皆因此而得名。龙门群岛是广西唯一的群岛，龙门大桥是广西最大的跨海大桥，这里还是著名的大蚝之乡和平陆运河的出海口。

古代的龙门岛，东扼钦廉，西接交趾，南出钦州湾外海可直驶南海、印度洋，北进茅尾海沿钦江、渔洪江可深入钦廉内陆，地势险要，为北部湾之门户，历来为兵家必争之地。因独特的地理位置，许多朝代在这里设置海防军事要地，重兵把守，保疆卫土。清雍正《钦州志》载：“龙门江南八十里两山对峙如门，故曰龙门。群山错列中有七十二泾。钦江、埇沦东西二江合流于此入海，东达合浦，西入交趾，乃钦之咽喉。国朝初，邓耀、杨彦廸相继窃据，剿平。康熙二十三年（1684 年），添设龙门协副总兵府镇守于此。”清道光《钦州志》载：“龙门在州治南，山势起伏，川流回抱。冠头岭拱其南，乌雷峙其东，三波踞其西，州城拥其北，巨海环于西南，中有七十二泾，泾泾相通，占城、暹罗、真腊、爪哇、蒲剌加、三佛齐、浡泥、天方、西洋等国入内，必由龙门经过。建营于此，实为扼要。”1939 年，日军入侵广西时，部分日军就从此港登陆。民国时期此地置龙门乡，属钦县；1993 年改为龙门港镇，次年改属地级钦州市钦南区。

龙门港一带，风光旖旎，有 100 多个岛屿，参差错落，使港湾形成 72 条大小水道，称“龙门七十二泾”。在这里不仅能感受到碧海蓝天和渔港风情，还能欣赏将军楼、跃龙门等美景。随着世纪工程平陆运河及广西最大跨海大桥——龙门大桥的建设，这座宁静而古老的渔港小镇，迎来了新的发展机遇，翻开了全新的发展篇章。

龙门江晨曦
廖立刚 摄
拍摄地点：钦州市
拍摄时间：2022 年 6 月 16 日

暮色龙门港
廖立刚 摄
拍摄地点：钦州市
拍摄时间：2022 年 6 月 16 日

茅尾海

茅尾海位于钦州湾西海域北部，东起坚心围，南至亚公山，西达茅岭江口，北连大榄江口，呈椭圆形，东西最宽 12.6 千米，南北纵深 18 千米。东、西、北三面被陆域包围，南面与钦州湾相通，内宽口窄，似布袋状湖泊，属半封闭式内海。茅尾海因其形似猫尾，过去称猫尾海，后来因滩涂盛长茅草而得今名。明崇祯《廉州府志》载："盖自钦州天涯驿，经猫尾港七站至。若由万宁抵交趾，陆行止二百九十一里。宋设砦二鹿井砦，在钦州西南，控象鼻沙大水口。"清雍正《钦州志》载："猫尾南二十里海潮起落处。"

茅尾海海岸线长 120 千米，面积约 134 平方千米，钦江、茅岭江常年注入，河海水交融，盐度低。两河携带大量泥沙沉积河口并向海域推进，形成水下复合三角洲。湾内滩涂面积 110 平方千米。茅尾海内宽口窄，涨潮时长，退潮时短，潮差大，将出海口冲刷成一条长 7.5 千米、宽 1.5 千米的天然深水潮汐通道，造就了一个天然深水避风良港。海水温度适中，浮游生物丰富，滩涂中广泛生长菅草、海菜、咸葱、水草和红树林，是浅海鱼类、贝类繁衍的良好场所，盛产大蚝、青蟹、对虾、石斑鱼等四大名产及水鸭、海鸥等野生水禽。

茅尾海国家海洋公园是我国第七个国家级海洋公园，是中华白海豚之乡，更是白鹭等 150 多种珍稀鸟类的栖息地。

茅尾海面波光粼粼
廖立刚 摄
拍摄地点：钦州市
拍摄时间：2023 年 8 月 4 日

钦州湾

广义的钦州湾，东起北海市合浦县的英罗港，西至防城港市的北仑河口，海岸线长 1478 千米，是古代海上丝绸之路的重要始发港之一。清道光《钦州志》载："海在州南一百余里。自此涉海至西南岸，即交趾朝阳镇。"

狭义的钦州湾仅指钦州市沿海海湾，位于北部湾海域北端，地处钦州市钦南区犀牛脚镇、东场镇大风江口与防城港市企沙镇之间的广阔海域。东、西、北三面为陆域，南面为浩瀚的北部湾，是一个半封闭天然海湾，中间狭窄，两端开阔，湾口宽 29 千米，纵深 39 千米。全湾岸线长 336 千米，-20 米等深线海域总面积 1442 平方千米。有滩涂面积 200 平方千米，浅海面积 736.55 平方千米。钦州湾之内湾、外湾由龙门水道相连。龙门水道由东、西航道组成，东航道是进入龙门港的主航道，外湾有东、中、西 3 支水道直达湾口。

钦州湾北部为茅尾海，有钦江、茅岭江淡水汇入，饵料充足，鱼类资源丰富，水产养殖亦发达。湾内有数百公顷红树林，鸟类野鸭成群。由众多岛屿之间的曲折水道形成的龙门七十二泾是钦州八景之一。

钦州湾
廖立刚 摄
拍摄地点：钦州市
拍摄时间：2023 年 8 月 3 日

平陆运河是西江干流与北部湾的江海连通工程，根据入海口航道自然条件和河道特性，平陆运河入海口段线路分为入海口钦江段和入海口近海段两部分。

入海口钦江段线路沿钦江干流走向，起于青年枢纽，终于沙井钦江大桥。本段河道穿越钦州城区，属于钦江下游感潮河段，河道弯曲且汊流多，并穿越钦州城区，两岸建筑物密集。入海口钦江段航道充分利用原有河道以降低对钦江沿岸城区的影响，对原有河道采取拓宽、裁弯取直、疏浚等工程措施使其满足航道通航标准。

入海口近海段线路基本沿钦州港总体规划中规划的沙井航道线路，起于沙井钦江大桥，从沙井穿越茅尾海，经潮汐通道进入钦州港，末端与钦州港东航道起点相接。

第七篇

风　物

林建超

刘美伶

平陆运河北起南宁市横州西津库区平塘江口，一路逶迤向南，直下北部湾。平陆运河沿线城乡，钟灵毓秀，物产丰饶。

得天独厚的自然环境，不仅孕育了甜蜜的甘蔗林，还有“一骑红尘妃子笑”的灵山荔枝；清澈纯净的郁江流经横州，养育了鲜甜肥美的鱼儿，造就了一道独特的名菜——横县鱼生，令人一尝难忘。

令人难忘的何止是横县鱼生，还有那名扬中外的钦州四大海产——大蚝、对虾、青蟹和石斑鱼。钦州，这座向海而兴的开放城市，物产资源丰富多样，天然食材琳琅满目，特色美食随处可见：有甘香醇厚的灵山茶叶，还有含多种维生素的钦州海鸭蛋；有嫩滑爽口的灵山凉粉，还有风味独特的钦州黄瓜皮；有肥而不腻的灵山大粽，还有热气腾腾的钦州猪脚粉……

穿越千百年的岁月，从山野里到海岸边，历经沧桑，从朴实无华到满城繁华。平陆运河流经之处，涛声帆影间，翻涌的尽是浓浓的人间烟火……

横州茉莉花

横州的清晨，当第一缕阳光洒向大地时，空气中便弥漫着一股清冽的芬芳。这香气不似玫瑰的浓烈，不似桂花的甜腻，而是一种沁人心脾的淡雅，仿佛从远古飘来的诗意。横州茉莉花，这朵承载着千年文化记忆的花卉，正以其独特的东方韵味，在世界舞台上绽放异彩。

茉莉花在中国的栽培历史悠久。据《南方草木状》记载："末利花，皆胡人自西国移植于南海，南人怜其芳香，竞植之。"这"末利花"便是茉莉花的古称。横州地处北回归线的南缘，气候温和，雨量充沛，得天独厚的自然环境使这里成为茉莉花生长的沃土。明正德年间横州通判王济在其《君子堂日询手镜》中就有"（横州）茉莉甚广，有以之编篱者，四时常花"的记载，可见其种植之盛。

横州中华茉莉园观光栈道
黄汝德 摄
拍摄地点：横州市
拍摄时间：2023 年 7 月 28 日

漫步横州茉莉花田，映入眼帘的是一片翠绿中点缀着繁星般的洁白。茉莉花株高约 1 米，叶片椭圆，叶脉清晰。花朵虽小，却精致异常：花瓣层层叠叠，宛如白玉雕琢而成；花蕊金黄，点缀其间，更显娇俏。轻触花瓣，细腻如丝；凑近细闻，清香沁人；微风拂过，花枝摇曳，沙沙作响，仿佛在诉说千年的故事。

茉莉花不仅是观赏植物，更是重要的经济作物。其花朵可提取香精，用于化妆品和香水制造；花蕾可入药，具有清热解毒的功效；而最负盛名的当属茉莉花茶，其制作工艺被列入国家级非物质文化遗产名录。一杯上好的茉莉花茶，汤色清澈，香气持久，入口回甘，令人回味无穷。

一朵花，一杯茶，一座城，茉莉花是横州市最鲜明、最有代表性的特色产业。茉莉花主要种植于横州、云表、校椅、那阳、百合、马岭等乡镇，这些地区土壤肥沃，气候适宜，形成了独特的茉莉花种植带。1986 年，横县（今横州市）茉莉花种植面积 317.60 公顷，茉莉鲜花产量 2382 吨。1989 年，横县被确定为全国茉莉花种植基地和全国茉莉花加工基地后，茉莉花的产量和质量都得到了提升。1992 年，全县茉莉花种植 3777.13 公顷，茉莉鲜花产量增长至 4.53 万吨，为当地经济发展注入了强劲动力。“横县茉莉花茶”获得国家地理标志产品保护，这不仅提升了横州茉莉花的品牌价值，也为产业发展提供了有力保障。2023 年，全市茉莉花种植面积达 8733.33 公顷，鲜花产量达 10.3 万吨，是全世界最大的茉莉花生产基地。鲜花平均价格达每公斤 34 元，带动 34 万花农增收致富。每到花期，来自全国各地的茶商云集于此，茉莉花交易市场熙熙攘攘，花香与茶香交织，构成独特的“花茶经济”景观。

横州茉莉花不仅是一种植物，更是一种文化符号，承载着横州人对美好生活的向往与追求。在这片古老的土地上，茉莉花的芬芳将继续飘散，诉说着属于东方的诗意与浪漫。

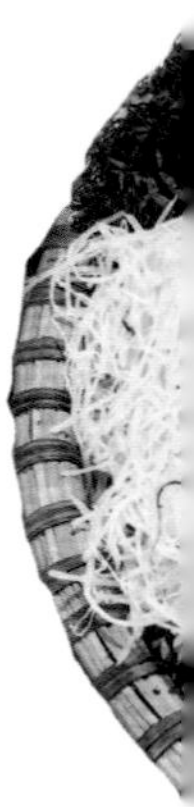

横县鱼生

横县鱼生
廖立刚 摄
拍摄地点：横州市
拍摄时间：2024 年 2 月 22 日

广西食用鱼生历史悠久。明朝时期，徐霞客在《粤西游日记三》中记载：“乃取巨鱼细切为脍，置大碗中，以葱及姜丝与盐、醋拌而食之，以为至味。”明代进士周孟中于弘治元年（1488 年）出任广西副使提学，在游历南宁的途中曾写下七言诗赞叹鱼生的精妙：“匙翻玉粒长腰米，脍切银丝缩项鳊。景物于斯亦佳处，甲科何患少登贤。”据说，此后鱼生也被称为“横切”。清乾隆《横州志》记载：“剖活鱼细切，备辛、香、蔬、醋，下箸拌食，曰‘鱼生’，胜于烹者。”

鱼生俗称“两片”，被横州人称作“县菜”，它代表着横州的烹饪技术和饮食文化的最高水准。横州位于郁江之畔，湿地资源丰富，鱼类品种丰富，优越的地理环境造就了“鱼生”这一独特的饮食文化。由于郁江水流清澈湍急，郁江野生的青竹鱼、花鱼、鲮鱼、鲩鱼等品种尾部肌肉发达、口感好，是制作鱼生的首选。2021 年，横县撤县设市，正式设立县级横州市，但习惯使然，人们仍然称鱼生为“横县鱼生”。

横县鱼生制作的独特之处在于“三精”，即刀工精细、选料精品、摆盘精致。经验丰富的大厨用利刀将鱼肉切成薄如蝉翼的一片，在将断与未断之间再连刀切下第二片，两片相邻鱼肉连成一块，一打开，鱼肉状如蝴蝶展翅欲飞，两片鱼肉厚薄均匀，色泽光亮。鱼片切得越薄，说明厨师技艺越高。丰富的配料是横县鱼生的一大特色。1949 年以前，鱼生配料较少，主要有醋、紫苏叶、酱油、辣椒、花生。1978 年以后，随着社会经济的迅速发展，鱼生配料逐渐丰富起来，有酸姜片、酸辣椒、酸藠头、酸萝卜、酸柠檬、紫苏叶、鱼腥草、炒花生仁和萝卜丝等 20 多种。此外，鱼生的摆盘也非常讲究，要整齐有序、赏心悦目，有的还会专门设计成“年年有余”“鸳鸯戏水”“龙凤呈祥”等不同主题的花式摆盘。晶莹剔透的鱼片整齐地摆放在冰盘上，五颜六色的配料则放在吃鱼生专用的圆形或菱形的盘子里，还配有花生油、生抽、胡椒粉等小碗酱料，色彩与形状的精妙搭配给食客带来视觉上的极大享受。

横县鱼生精美摆盘
廖立刚 摄
拍摄地点：横州市
拍摄时间：2024 年 2 月 22 日

入口之前，将鱼片放在酱料中浸泡片刻，再根据个人喜好夹少许配料逐一放到碗内，与鱼片一起送入口中，细细咀嚼，鱼肉的鲜美与配料、酱料的香辣酸甜巧妙融合，口感极其丰富，令人欲罢不能。

2010 年，横县鱼生制作技艺入选第三批自治区级非物质文化遗产名录。

灵山茶叶

灵山产茶历史悠久，清雍正《灵山县志》记载："旁有茶山，在下宁都，脉自派狼山，产茶，因名。"清乾隆《灵山县志》记载："马面山：县西旧州练，四时有异香，细茶可采。"

灵山茶叶品种繁多，主要有灵山本地中、小叶茶，云南大叶茶，福云 6 号；主要产品有红茶、红碎茶、绿茶、茉莉花茶、乌龙茶等。绿茶产品主要有"毛峰绿茶""曲毫绿茶""直条绿茶"。绿茶和茉莉花茶为广西特色产品。已注册商标有"白蕾""安畅""高骏""石鸥山"，规模较大的有灵山县茶厂、陆屋农场茶厂、石塘军营垌茶厂和石鸥山茶厂四家。

灵山茶树种植规模逐年扩大。至 2023 年，灵山县拥有茶园面积 4000 多公顷，年产干茶 6000 多吨。全县 17 个镇，除文利、伯劳 2 个镇没有茶树种植外，其余 15 个镇均有茶园分布，包括平陆运河沿线的陆屋镇、旧州镇及沙坪镇。

灵山茶叶加工技术精湛，品质优良，屡获嘉奖，深受行家和茶商的青睐，畅销国内外。2014 年 11 月，灵山县被中国茶叶学会授予"中国名茶之乡"称号。2020 年 4 月，"灵山绿茶"获国家农产品地理标志认证。

灵山茶叶以香高、味浓、耐泡而闻名。灵山绿茶，汤色清亮翠绿，香气清淳持久，滋味鲜爽浓醇。灵山红碎茶，色泽乌润，茶汤红亮明艳，茶香扑鼻，鲜爽甘醇，令人回味。灵山茉莉花茶采用优质绿茶、上等茉莉鲜花精工窨制而成，茶叶耐泡，汤色黄明，香气芬芳，甘醇浓郁，色、香、味俱佳。

灵山绿茶
廖立刚 摄
拍摄地点：灵山县
拍摄时间：2023 年 4 月 10 日

灵山绿茶采摘忙
廖立刚 摄
拍摄地点：灵山县
拍摄时间：2023 年 4 月 10 日

灵山荔枝

荔枝在中国历史上久负盛名，被历代文人墨客所传颂。清乾隆《灵山县志》记载：“荔枝有四月荔，有大造荔，有黑叶荔，以黑叶为佳，伊尹所称南方凤丸，疑即荔枝也。荔谱云：南粤尉佗以之备方物，于是通中国。”可见在汉朝时，南越王尉佗就向汉高祖进贡过荔枝。近现代著名书画家齐白石曾3次到钦州，对钦州荔枝的喜爱溢于言表，不仅多次将荔枝入画，还在晚年赋诗两首以表怀念：“自晚中年不苦思，七言四句谓为诗。一朝百首多何益，幸独钦州好荔枝。”“此生无计作重游，五月垂丹胜鹤头。为口不辞劳跋涉，愿风吹我到钦州。”

灵山荔枝种植历史悠久，品种资源丰富，品质上乘，饮誉中外。灵山现存百年树龄以上的古荔树3万多棵，800年以上的古荔树有1500多棵。其中，位于新圩镇邓家村的一棵香荔大树，树龄在1500年以上，是中国现存最古老的荔枝树。1996年，灵山县被中国特产之乡命名宣传活动组委会命名为“中国荔枝之乡”。2012年，灵山荔枝被国家质检总局授予“国家地理标志保护产品”称号。

2005年，灵山荔枝品种达30多种。早熟品种有三月红、白腊、白糖罂等，中熟品种主要有黑叶、妃子笑、大造、水东等，晚熟品种主要有灵山香荔、桂味、糯米糍、禾荔等。

下面重点介绍几个荔枝名优品种：

三月红，每年5月上旬至下旬成熟上市，果实较大，果皮鲜红，肉厚，肉白蜡色，肉质稍粗韧、汁多，味甜带酸，核较大中空，品质中等，适宜鲜食。

妃子笑，20世纪80年代从广东引进，每年6月上旬至下旬成熟上市。果实大，果皮薄呈淡红色，果肉厚呈白蜡色，细嫩爽脆，清甜带微酸，果核小，品质优良，最宜鲜食。

黑叶荔，每年6月中下旬成熟上市，果实中等大，果皮薄呈暗红色，果肉乳白色，味甜带微酸，果核大而饱满，品质中上，是生产荔枝罐头首选品种。

灵山香荔是灵山特有的荔枝品种，种植面积大，产量多，品质好，适应性

强，适宜山地种植。有早熟和迟熟两个品种，成熟期相距 15~20 天，每年 6 月下旬至 7 月中旬成熟上市。果实中等，果核圆形，略扁，果皮厚韧呈深红略带紫色，果肉白蜡色，清甜爽脆，有香气，果核有大有小，品质上乘，鲜食、制罐头均可，是加工荔枝干的优良品种。

桂味，每年 7 月上中旬成熟上市，果实中等大，单果重 15~20 克，近似圆球形，果皮鲜红薄且脆，果肉乳白色，细嫩爽脆，清甜汁多，核小，有桂花香味，品质极优，是鲜食的首选品种。

千年荔枝树

廖立刚 摄

拍摄地点：灵山县

拍摄时间：2023 年 7 月 10 日

灵山凉粉

炎炎夏日，美丽的灵山不仅有清甜多汁、饱满晶莹的荔枝，还有一种绝佳的消暑良品——灵山凉粉。

凉粉是以优质凉粉草、食用淀粉为主要原料精制而成，分为黑凉粉和白凉粉。据《灵山县志》和相关资料记载，早在宋朝时期，灵山县就开始种植凉粉草和加工食用凉粉。由于灵山县地处亚热带，气温高、雨量多，当地百姓易感热毒、湿毒，为了防暑降火、祛热毒，老百姓就到山上采割野生凉粉草做成凉粉草冻食用。就这样，入伏吃凉粉成了当地人的传统习俗，代代相传。一到夏天，灵山的街上随处可见卖凉粉草冻的小摊。凉粉外观晶莹剔透，闻起来有一股淡淡的芳香，吃起来爽滑清凉、消暑开胃，让人欲罢不能。

制作凉粉时，用 500 克凉粉草或凉粉籽汁液配水 2500 克（可根据 1 ： 5 比例缩小用量），加入适量蔗糖、蜂蜜和淀粉一起搅拌均匀，不见核状物后搅拌煮沸，静置冷却至常温即凝结为清澈透明嫩滑的膏状，可根据个人口味适当添加糖水、蜂蜜、炼乳、牛奶等食用。冷藏后食用风味更佳。

如今，灵山凉粉已经实现产业化、规模化生产。灵山县宇峰保健食品有限公司的黑凉粉、白凉粉于 2003 年获得“广西优质产品”称号。该公司生产的凉粉等系列产品畅销区内外，销往我国港澳台地区和新加坡、马来西亚、菲律宾、文莱、毛里求斯等国家，深受广大消费者青睐。

2012 年，国家质检总局批准对灵山凉粉实施地理标志产品保护。2023 年，灵山凉粉制作技艺被列入第九批自治区级非物质文化遗产代表性项目名录。

灵山凉粉
钦州市文化广电体育和旅游局供图

灵山大粽

灵山县位于广西南部，地处亚热带季风气候区，四季温和，降水丰沛，日照充足，水稻一直是灵山的主要粮食作物。在长期的稻作史中，灵山形成了自己的糯米文化。清乾隆《灵山县志·物产篇》便记载有“花壳糯”“旱糯”“狗眼糯”“黄蜂糯”“红糯”等内容。古时糯米数量较少，显得尤为珍贵，长期以来糯米是过年、祭祖以及重大仪式上宴请宾客必不可少的食品原料。

灵山县有“无粽不成年”的说法，而灵山大粽则是灵山人春节期间亲朋送礼和招待宾客的地方特色食品。每年年关将至，灵山的空气中弥漫着粽子的香气。

灵山大粽体大丰腴、色泽光亮、味香鲜美，一个重 1.5~2 千克。因大粽底部呈长方形，四周向中间圆滑收缩，形似一个枕头，故灵山大粽又名“枕头粽”。

灵山大粽以灵山产的优质糯米为主料，用本地一种名为“冬叶”的专用粽叶包裹。清道光《钦州志》载：“冬叶，可裹物。”冬叶经过开水烫过后（俗称“杀青”）散发清新的香味，变得柔软，可以任意折叠、不断不裂，非常适合用来包裹体积庞大的灵山大粽。包粽子时，将冬叶左右依次叠放，然后把浸泡过的糯米放在铺好的冬叶上，再放上腌制好的猪肉、磨碎去皮的绿豆和板栗、猪脚、腊味、虾米等其他馅料，再铺上一层糯米，包成两头扁平、中间隆起的长方梯形状，最后用棉绳捆绑结实。将包好的粽子放入锅中，慢火煮十几个小时，方能熟透。

刚出锅的灵山大粽，解开绳子和粽叶，粽叶、糯米的清香以及肉香扑鼻而来，令人食欲大动。糯而不糊、肥而不腻的口感更是让人一试难忘。另外，还可以将煮好的粽子切成圆块，置于锅中，加油煎至两面金黄，吃起来焦香软糯，别有一番风味。

2016 年，灵山大粽制作技艺入选第六批自治区级非物质文化遗产代表性项目名录。

灵山大粽
钦州市文化广电体育和旅游局供图

钦州黄瓜皮

钦州盛产黄瓜，钦州市所辖钦南区、钦北区、灵山县、浦北县均有种植。明嘉靖《钦州志》记载：“黄瓜，性冷，伴肉条食之尤美。”钦州所产黄瓜，有清凉解热之功效，可生吃，生津止渴；腌制后，切粒伴肉炒，色味俱佳，是钦州民间独特的菜肴。

黄瓜皮是钦州著名特产之一，钦州人尤喜食之。相传，清道光年间，粤籍御厨锦长青选用钦州黄瓜精心酿制黄瓜皮，深受皇室喜爱，被当作贡品年年进贡朝廷，从此，钦州黄瓜皮名声鹊起，堪称岭南一绝，与荔枝、龙眼一起被誉为岭南三宝，素有“宁舍鱼翅燕窝，不舍钦州瓜皮”之说。

钦州黄瓜皮制作精选本地特有的短藤白皮黄瓜，采用钦州独特的传统方法腌制加工而成，保持原有的自然风味，具有皮色鲜黄、嫩脆爽口、酸中带甜、鲜香可口、开胃消腻等特点，秉承“精、素、清、野”的风味，开袋即食，异常便利。可做零食，也可配粥饭食用，是钦州人常备的风味小吃和馈赠亲友的佳品。

据《钦南区志》记载：“黄瓜皮早在宋代已十分盛行。传统的瓜皮是一般的腌制。新的瓜皮小吃‘一品瓜皮卷’则用瓜皮切成薄的长片，抹上墨鱼胶，再压上咸蛋，卷包成长筒型，用红椒丝系上，上笼蒸熟，外脆内香，色香味俱全。”

钦州黄瓜皮风味独特，品质上乘，深受广大消费者的青睐。产品主要销往北京、上海、广东、海南、湖南、江西、山西、河南、云南、贵州等 10 多个省（区、市）。2014 年，钦州黄瓜皮被农业部认定为农产品地理标志产品。2016 年，钦州瓜皮制作技艺入选钦州市第四批非物质文化遗产保护名录。2022 年 5 月，钦州黄瓜皮获得国家知识产权局颁发的商标注册证，成功注册地理标志证明商标。

黄瓜皮
陈彦均 摄
拍摄地点：钦州市
拍摄时间：2024 年 7 月 10 日

钦州猪脚粉

钦州猪脚粉是钦州最具特色的传统地方家常美食之一，选用猪脚肉和细粉为主要食材，搭配独特的调料和浓郁的汤汁炖煮而成。

钦州猪脚粉以猪脚香脆为特色，猪脚经炸制和水煮，金黄酥软，皮脆肉香，软而不烂，肥而不腻，汤水鲜美清淡，再配上当地上乘的米粉，淋上一勺酱汁，加上熟生菜、葱花或者本地黄瓜皮，看起来朴实无华，但是味道浓郁鲜香，营养丰富，是钦州当地人早、中、晚餐及夜宵的常选美食。

猪脚的制作方法颇有讲究，一般为三步法：一是精选猪脚，经火烧烤除毛—清水泡冷却—刮洗干净—入沸水煮熟；二是炸制猪脚，将煮熟的猪脚捞出，趁热在猪皮表面抹一层盐，扎孔透气，老抽上色，待油六七成热时，下猪脚炸至上色（金黄色），表面起小泡，用棍子敲打发出噗噗声时即可捞出，再用温水浸泡40分钟左右至表皮发泡；三是焖煮入味，油炸好的猪脚去除大骨，再切成大块入锅，佐以调味料（各家有不同配方，一般有八角、桂皮、草果、香叶、陈皮、胡椒等），大火烧开，改小火焖煮至猪脚熟烂入味。中途多次翻动，待汤汁收至浓稠稍干时，即可关火浸泡卤上半夜或一夜。肉厚皮脆、美味可口的猪脚便制作成功了。

俗话说：钦州猪脚粉，神仙也打滚。钦州猪脚粉深受钦州人喜爱，不仅因为猪脚粉味美可口，更因为猪脚粉经济实惠。钦州的猪脚粉，如同钦州人，淳朴而热情。

钦州猪脚粉制作技艺入选第四批钦州市级非物质文化遗产代表性项目名录。

钦州猪脚粉
陈彦均 摄
拍摄地点：钦州市
拍摄时间：2024 年 7 月 10 日

钦州对虾

对虾，因其触须细长，呈对称状而得名，是钦州四大名贵海产品之一。据《钦州市志》记载：“钦州湾盛产的传统对虾主要是长毛对虾，钦州人习惯叫红尾虾、大明虾。”

钦州市地处亚热带，海洋性气候明显，雨量充沛，无霜期长，年平均气温在20℃以上，对发展对虾养殖非常有利。钦州市犀牛脚镇三娘湾至龙门港一带，是著名的天然海上虾场，主要品种有大明虾（长毛对虾）、墨吉对虾、斑节对虾、南美白对虾、日本对虾（花虾），引进品种有斑节对虾、南美白对虾等。

对虾营养价值丰富，每百克虾肉中含有蛋白质 20.6 克、脂肪 0.7 克，并含有碳水化合物、硫氨素、核黄素、烟酸、维生素 A、维生素 E 等，以及钙、镁、铁、锌、硒、锰、磷等多种人体必需的微量元素，是典型的高蛋白低脂肪的营养品。加之对虾肉味清香鲜美，肉质嫩滑可口，食而不腻，因此经常出现在钦州人的餐桌上。对虾最常见的烹饪方法是白灼，能够最大限度地保留对虾鲜甜嫩的原味，烹饪方式还有红焖、煎、炒等。此外，还可将对虾加工成虾干、虾米等上乘的海味礼品。

对虾具有较高药用价值。在钦南民间，当地群众喜欢用大虾、海马、海蛇混合中草药浸酒，这种药酒具有强身健体之功效。

20 世纪 70 年代末钦南区就开始发展对虾养殖。2005 年，对虾养殖已形成无公害标准化、基地化生产，对虾养殖面积 4420 公顷，产量 1.16 万吨，产值 4.1 亿元。2022 年，对虾养殖面积 5600 公顷，产量 6 万多吨。对虾已发展成为钦南区的特色支柱产业，并开发了虾仁、虾滑、虾球、虾扒等一系列加工产品，产品以活鲜、冷藏的方式销往外地。

对虾
解春涛 摄
拍摄地点：钦州市
拍摄时间：2024 年 7 月 10 日

钦州大蚝

钦州大蚝
陈彦均 摄
拍摄地点：钦州市
拍摄时间：2024 年 7 月 10 日

大蚝，学名近江牡蛎，因生长于淡水入海的河口地区而得名。蚝肉蛋白质含量超过 40%，营养丰富，味道鲜美，素有“海中牛奶”之称，是钦州四大名贵海产之一。

钦州出产大蚝历史悠久，据清嘉庆《广西通志》载：“钦之蛋有三：一为鱼蛋，善举纲重纶；二为蚝蛋，善没海取蚝；三为木蛋，善伐山取材。”天然牡蛎多以潜水砸取。20 世纪 80 年代初采用“蚝钳”捞取，不用潜水，效率较高。由于滥捕，天然蚝资源逐年减少，个体逐渐小型化，濒临绝迹。1985 年后，转为人工养殖为主。

大蚝繁殖期在每年的 6~8 月。洪水期为大蚝繁殖盛期，它在繁殖过程中，经过一段浮游的幼虫时期，然后进入固着生活。成品大蚝一般长 20 厘米，宽 12 厘米，厚 8 厘米左右，壳质坚硬，蚝肉呈乳白色。大蚝最原始的吃法便是生吃，用一把小刀把蚝壳撬开，微微仰头，让带着海水咸香味道的生蚝直接滑入口中，蚝肉鲜嫩肥美，爽滑甜脆，让人回味无穷。钦州人吃蚝，更是吃出了百般花样：蒜蓉粉丝蒸生蚝、酥炸大蚝、脆蚝鸡、胡椒大蚝粥、橄榄蒸大蚝、蒜蓉烤生蚝、养生五谷大蚝……一道道美味的菜肴，足以让慕名而来的老饕们尽兴而归。

大蚝除了鲜食，还可将其加工成蚝豉、蚝油，运销外地。蚝壳，即中药牡蛎，可治虚劳烦热、盗汗、泻痢等症，还可烧成灰作为建筑材料和农用肥料，磨成粉则可作为牲畜的辅助饲料。以前居民们还会用生蚝壳拌上黄泥、熟糯米等材料来砌墙，这样砌出来的墙坚固耐用，如今钦州还保存着为数不多的以蚝壳为墙的建筑。

钦南区茅尾海是全国优质的近江牡蛎采苗基地，面积 135 平方千米，是一个袋状内海，流入该海湾的 4 条河流流域均无大工业污水污染，海水浮游生物丰富，水温和海水盐度适宜大蚝的生殖生长要求，为大蚝的繁殖和生长创造了得天独厚的条件。

随着大蚝养殖技术的不断进步，大蚝养殖已经成为钦州市的一大支柱产业。钦州成了中国著名的蚝苗培育和大蚝生产基地，2002 年，农业部授予钦州钦南区“中国大蚝之乡”称号。2010 年钦州大蚝获国家农产品地理标志登记。2019 年，钦州大蚝入选中国农业品牌目录。2023 年，钦州大蚝烹饪技艺被列入第九批自治区级非物质文化遗产代表性项目名录。

钦州青蟹

钦州盛产青蟹，是青蟹之乡。明嘉靖《钦州志》记载：“宋守陶弼诗：……玉版淡鱼千片白，金膏咸蟹一团红。”谚云：“三月蟧蟹当只鸭，言其肥也。十月蟧蟹火烧坡，言其腴也。”

青蟹学名叫锯缘青蟹，背甲呈青绿色，体扁椭圆形，胸板呈灰白色，两边共有五对附肢，个体巨大，成长速度快。据《钦州市志》记载，钦州青蟹主要种类有锯缘青蟹（渔民常称之为“花脚蟹”）、拟穴青蟹、榄绿青蟹、紫螯青蟹等，属温暖海区沿岸生活的游泳爬行、掘洞型、滩栖蟹类。分布的水深范围较广，多栖息于河口、内湾、红树林带底层盐度稍低的泥沼中，也喜欢停留在滩涂水洼及岩石缝等处。

钦州气候温和，沿海河流水质良好、盐度偏淡、微生物多、饵料丰富，适宜青蟹繁殖生长。凡潮水畅通、潮差较大的泥滩、泥沙滩、红树林地带，均有青蟹栖息，多分布于龙门港湾和七十二泾红树林带海域。最常见的青蟹为锯缘青蟹和拟穴青蟹。据《广西农业志 · 水产资料长编》（1990 年版）记载：“钦州湾是全广西最主要的青蟹产地”，天然蟹“历史最高年产量 70 吨，大部分出口”，是传统的出口水产品之一。

钦州出产的青蟹味道鲜美，营养价值高，与生蚝、石斑鱼、对虾为钦州四大名海产之一。钦州青蟹以个大、体肥、肉嫩、色美著称，名扬粤港澳，畅销国内外。青蟹一年四季都出产，以每年农历八月初三到廿三的青蟹最为肥美，只只壳坚如盾，脚爪圆壮，民间有“八月蝤蛑（青蟹）抵只鸡”之说。

青蟹的做法多种多样，可清蒸，可水煮，可炖汤，可油炸。清蒸青蟹色泽鲜亮，味道鲜美。青蟹可熬汤，“青蟹生地汤”便是采用青蟹与中药生地熬煮，是宴席常备佳肴。用青蟹、藏红花熬制出的青蟹藏红花汤味鲜色美，是人间上等佳肴，最为钦州人喜爱。此外，蟹腿上的肉可干制成蟹肉，亦是味道鲜美之上佳食品。

2014 年，钦州青蟹被列为国家农产品地理标志产品。

小青蟹
陈彦均 摄
拍摄地点：钦州市
拍摄时间：2024 年 7 月 10 日

中华白海豚

广西钦州三娘湾被誉为“中华白海豚之乡”，这里常年活跃着一群海上精灵——中华白海豚。据《钦州市志》记载：“中华白海豚属鲸豚类，是一种非常珍稀和独特的物种，被世界自然保护联盟（IUCN）红皮书收录为‘极危物种’，被中国列为国家一级保护动物，享有‘海上大熊猫’美誉。”

北部湾的中华白海豚约于 200 万年至 300 万年前出现，演化至今。与其他种类的鲸、海豚相比，中华白海豚最不同的地方在于，成长过程中，其体色会从刚出生时的铅灰（黑）色，经历“灰中带白”“白中带灰”的阶段，逐渐过渡到成年的白色或粉红色。成年白海豚体长 2.2~2.5 米，体重 150~230 千克，体围 1.5 米以上。雌性 10 岁左右、雄性 13 岁前后发育成熟，胎生，一胎一仔，哺乳，用肺呼吸空气，以浅海小鱼为食。

中华白海豚通常单独或数头结伴游泳，觅食时会短暂聚结 10~40 头。其性情活泼，在风和日丽的天气，常在水面跳跃、嬉戏，有时甚至将全身跃出水面近 1 米高。中华白海豚游泳的速度很快，有时可达每小时 22 千米以上。呼吸的时间间隔很不规律，有时为3~5秒，有时为10~20秒，也有长达1~2分钟的。

中华白海豚属暖水性种类，主要分布在西太平洋和印度洋的热带、亚热带沿岸海域，在中国广西、广东、福建等地及香港、澳门多见。但由于近 30 多年人类对海洋的过度开发，其栖息地遭受严重破坏，致使白海豚种群数量急剧减少。如今，中国海域的中华白海豚数量已经不多，而钦州三娘湾—大风江口水域作为目前北部湾中华白海豚的最后一个优良栖息地，海豚数量已经达到350~450 头，而且每年都有新的小海豚出现。

海豚以其聪明、活泼、可爱的形象一直被当地渔民视为吉祥天使，在海上见到海豚意味着好运气即将来临。

中华白海豚
林邵东 摄
拍摄地点：钦州市
拍摄时间：2024 年 3 月 12 日

中华白海豚
黄杰斌 摄
拍摄地点：钦州市
拍摄时间：2024 年 3 月 12 日

第八篇

建　设

谢达春

廖立刚

秧新明

一、搬迁

新中国成立以来，我国兴建了一大批大中型水库，有力促进了国民经济和社会发展，大中型水库移民为此作出了重大贡献。一座座移民新村、一项项富民产业、一张张幸福笑脸……多年来，搬迁后的水库移民生产生活发生了翻天覆地的变化。

1970 年前后，因建设西津水库，库区村民积极响应政府号召，实施整村移民搬迁。从“移居”到“宜居”，从原来刚搬迁时“一穷二白”的小村落，蜕变成如今人人乐居的和美乡村。如今，因建设平陆运河，当年从西津水库库区移民搬迁的部分村民又在当地政府的号召下，带着对新生活的美好期盼，再次易地搬迁。宁静雅致的小楼房，平坦整洁的水泥路，造型新颖的路灯，还有生活超市、文化中心、健身广场等设施，一幅新时代乡村振兴的秀美画卷在移民新村徐徐展开。

2022 年，广西全力推进平陆运河移民搬迁群众安置工作，持续深入落实国家大中型水库移民后期扶持政策，加大资金投入，搬迁群众和移民安置区生产生活条件得到较大改善，经济收入稳步增长，库区和移民安置区社会和谐稳定。

平陆运河全线涉及永久征地约 20.76 平方千米，其中南宁横州市 2.82 平方千米，钦州灵山县 9.58 平方千米、钦南区 3.63 平方千米、钦北区 4.41 平方千米、主城区 0.32 平方千米。房屋拆迁 2875 户，其中南宁横州市 368 户，钦州灵山县 1424 户、钦南区 181 户、钦北区 411 户、主城区 491 户。

平陆运河沿线共设置集中安置点 17 处，其中南宁横州市 2 处，钦州灵山县 13 处、钦南区 1 处、钦北区 1 处。截至 2023 年 12 月 31 日，完成场地平整 16 个，实施房屋基础施工建设 14 个，2024 年 1 月基本完成各个安置点的基础施工工作。

永久安置方面，贯彻落实国家和自治区关于“百县千乡万村”乡村振兴示范创建工作部署，学习借鉴浙江省“千村示范、万村整治”工程经验，整合各方面资源力量，重点在横州市新福镇规划建设平陆运河新城，打造宜居宜业美丽示范乡村；过渡安置方面，根据群众意愿，有针对性地采取货币补助、过渡板房、租房三种安置方式，最大限度满足搬迁群众的生产生活需求。

安置房建设现场

廖立刚 摄

拍摄地点：钦州市

拍摄时间：2024 年 7 月 9 日

灵山县旧州镇运河石桥小学施工现场

平陆运河集团供图

平陆运河沿线的6所回建及新建学校分别为运河七里小学、运河石桥小学、七里小学分校区、张高小学燕子教学点、永隆小学、运河旧州镇第二小学，分布于钦州市灵山县沙坪镇、旧州镇和钦北区平吉镇，共提供2765个学位，其中小学班级总数量为54个，幼儿园班级总数量为17个。小学建成后，将提供更宽敞、更高质量的教学环境和运动场所，有效助力学校教学质量和学生身体素质的提升，对优化运河两岸小学布局有着积极作用。

搬迁前原貌
廖立刚 摄
拍摄地点：灵山县
拍摄时间：2022年9月23日

灵山县沙坪镇七里小学原貌
廖立刚 摄
拍摄地点：灵山县
拍摄时间：2024年7月8日

灵山县旧州镇石桥小学原貌
廖立刚 摄
拍摄地点：灵山县
拍摄时间：2023年6月1日

2024 年 8 月 26 日，平陆运河回建及新建小学交付现场会在灵山县旧州镇运河石桥小学新址举行。自 2024 年 3 月 20 日开工建设以来，平陆运河建设管理团队合理安排施工组织顺序，严格按照教育部《义务教育学校标准化建设标准》进行建设，配备先进的多媒体教学设备、全视角高清视频监控系统、校园广播系统、崭新的课桌椅及齐全的户外活动场所；对学校教学综合楼、教师周转房、幼教楼等进行全面除甲醛处理，并进行安全消防检验；积极响应国家大力推广使用绿色能源的号召，在屋顶设置安装太阳能光伏板发电系统，提供部分用电及为幼教楼和教师周转房供应生活暖水；对学校进出道路进行硬化及新增交通安全设施，确保师生出入校园的安全。6 所回建及新建小学的师生们在秋季学期迁入崭新的校舍，在条件更加完善、环境更加优美的新校园中憧憬更加美好的未来。

平陆运河回建及新建小学交付现场会
平陆运河集团供图

二、建设

2022 年 8 月 28 日，平陆运河建设动员大会在钦州市灵山县旧州镇马道枢纽现场举行。广西壮族自治区党委书记、自治区人大常委会主任、平陆运河项目建设工作领导小组组长刘宁宣布平陆运河建设正式开始。

平陆运河建设动员大会
廖立刚 摄
拍摄地点：马道枢纽
拍摄时间：2022 年 8 月 28 日

平陆运河是西部陆海新通道的骨干工程和加快建设交通强国的标志性工程，是广西所盼、强桂所系、江海联运、山海协同的重大项目。平陆运河始于南宁市下游 150 千米横州市西津库区平塘江口，跨沙坪河与钦江支流旧州江分水岭，经钦州市灵山县陆屋镇沿钦江干流南下进入北部湾，全长 134.2 千米。运河纵向贯通西江干流与北部湾，建成后将缩短西江中上游地区入海航程约 560 千米，开辟广西及我国西南地区经西江第二条出海通道，从根本上改变广西临海但没有江河直航入海的现状，实现经济、社会、生态、开放多重效益相统一，激活广西高质量发展“一池春水”。

平陆运河总体线路划分为沙坪河段、分水岭段、钦江干流段、钦州城区段和入海口近海段 5 个区段，按内河 I 级航道标准建设，可通航 5000 吨级船舶，设计年单向通过能力 8500 万吨。平陆运河的起点与终点入海口之间有约 65 米的水位落差，为克服水位落差，上游至下游建设马道、企石、青年 3 座航运枢纽，各枢纽一次性建成双线单级 5000 吨级船闸。平陆运河主要建设内容包括航道工程、航运枢纽工程、水利设施改造工程、沿线跨河设施工程以及配套工程。项目工程总概算为 727.19 亿元，施工工期为 52 个月，计划 2026 年 12 月底主体建成。

自治区党委、政府高度重视平陆运河建设，突出系统性、专业性、时代性，提出“通江达海、整体规划、一次建成、系统运行”的建设总体方案，举全区之力推进平陆运河建设，精益求精打造优质工程、绿色工程、廉洁工程。2022年8月28日，平陆运河建设动员大会在钦州市灵山县旧州马道枢纽举行，平陆运河建设正式开始。2023年3月18日，平陆运河马道、企石、青年三大枢纽一期工程提前完成建设任务。2023年5月23日，平陆运河进入全线动工建设新阶段。截至2023年底，平陆运河项目累计完成投资239亿元，累计开挖土石方超过1.5亿立方米，运河宏大建设场景振奋人心，世界级运河雄姿初现。

平陆运河建设将创造多项世界领先、全国之最：一是世界最大的内河省水船闸。马道枢纽、企石枢纽船闸闸室内供船舶停泊的水域长度300米、宽度34米。二是世界最高水头的省水船闸。马道枢纽、企石枢纽船闸运行时上下游最大水位落差接近30米，相当于9层楼高。三是世界运行速度最快的省水船闸。马道枢纽、企石枢纽船闸创新采用省水船闸工作阀门液压快速启闭技术，闸室与省水池之间的灌泄水时间可控制在16分钟之内，船闸阀门启、闭速度是世界上最快的，启门需约1分钟，闭门时间约30秒，1小时可通行6艘5000吨级船舶。四是全球规模最大的三级叠合式省水船闸。马道枢纽、企石枢纽船闸是全球规模最大的三级叠合式省水船闸，可比普通船闸省水60%左右，年节省水量10亿立方米。五是抗咸技术国际领先。青年枢纽船闸抗咸技术达到国际领先水平。六是全国最大互灌互泄省水船闸。青年枢纽船闸是国内最大互灌互泄省水船闸，可以在船闸间互相输水运行，能节省船闸用水量约50%。七是国内土石方工程量最大的交通工程。平陆运河建设需要开挖的土石方工程总量3.39亿立方米，约是三峡船闸工程土石方开挖量的3倍。八是国内通航等级最高的运河。平陆运河按照内河Ⅰ级航道的标准建设，在国内同类运河中属于最高等级，可通航5000吨级船舶。

马道枢纽

马道枢纽位于钦州市灵山县旧州镇牛营村附近分水岭南侧，是平陆运河三级阶梯中第一梯级枢纽，连通西江和钦江两大流域。马道枢纽由双线船闸、放水底孔、预留泄洪闸和连接坝组成，采用集中布置的枢纽总体布置方式，泄水闸布置在右岸，双线船闸布置在左岸。船闸主体长 400 米，上、下游引航道布置为对称型，均采用“曲线进闸、直线出闸”的过闸方式。马道枢纽工程等级为一等，通航建筑物设计为双线船闸，有效尺度为有效长度 300 米 × 有效宽度 34 米 × 最小门槛水深 8 米，最大设计水头 29.6 米，布置三级省水池，同时建设重力坝枢纽挡水建筑物，为世界在建最大内河省水船闸。马道枢纽主要建筑物防洪标准按 500 年一遇洪水设计、2000 年一遇洪水校核。马道枢纽工程由中交第二航务工程局有限公司承建。

马道枢纽先导工程（一期）主要建设内容为枢纽范围内陆上土石方开挖、边坡防护工程、土石方综合利用以及相配套的临时工程。土石方开挖量 771.6 万立方米，合同总金额 4.85 亿元。完成平陆运河分水岭山体开挖及边坡防护，为打通西江流域和钦江流域的航道奠定基础，并为马道枢纽船闸基坑开挖提供先决条件。2022 年 8 月 26 日马道枢纽先导工程开工建设，2023 年 3 月 18 日工程完工。

马道枢纽主体工程（二期）主要建设内容为枢纽主体上下闸首和闸室工程、省水池结构、上下游引航道及主辅导航墙、上下游靠船墩、泄水闸及连接坝、马道枢纽大桥等。土石方开挖量 3398 万立方米，混凝土浇筑 347 万立方米，合同总金额 52.78 亿元。2023 年 5 月 23 日，马道枢纽主体工程开工。截至 2023 年 12 月底，累计完成投资 11.16 亿元，完成土石方开挖 2408 万立方米，占设计总量的 70.87%；完成混凝土浇筑 11.5 万立方米，占设计总量的 3.31%。

马道枢纽建设前原貌
廖立刚 摄
拍摄地点：灵山县旧州镇
拍摄时间：2022 年 4 月 29 日

建设中的马道枢纽
廖立刚 摄
拍摄地点：灵山县旧州镇
拍摄时间：2022 年 8 月 28 日

马道枢纽施工现场
廖立刚 摄
拍摄地点：灵山县旧州镇
拍摄时间：2023 年 6 月 21 日

马道枢纽效果图
平陆运河集团供图

马道枢纽是目前世界在建最大的内河省水船闸枢纽，年省水量约 4.67 亿立方米，省水率约 60%，相当于可蓄满 18.68 万个标准泳池。马道枢纽属于平陆运河第一梯级枢纽，上下游水位最大高差 29.6 米，通航建筑物设计为双线船闸，其阀门启闭速度经模型验证为开启 1 分钟、关闭 30 秒，是国内外同类船闸中启、闭速度最快的船闸。

企石枢纽

企石枢纽位于钦州市灵山县陆屋镇企石村附近旧州江河谷，是平陆运河的第二座枢纽，距上游马道枢纽 15 千米。企石枢纽由双线船闸、泄洪闸、放水底孔、连接土坝、副坝组成，采用集中布置的枢纽总体布置方式，泄水闸布置在左岸，双线船闸布置在右岸。船闸主体长 400 米，上、下游引航道布置为对称型，均采用“曲线进闸、直线出闸”的过闸方式。设置有三级省水池，闸室输水系统采用“单侧闸墙长廊道、经闸室中心进口垂直分流、闸底四区段分支廊道顶部出水盖板消能”的输水型式，闸室有效尺度为 300 米（长）× 34 米（宽）× 8 米（堰上水头），水头差 27 米。船闸设计年通过能力 9437 万吨。工程等级为 I 等，船闸级别为 I 级，可通航 5000 吨级船舶。枢纽主要建筑物防洪标准按百年一遇洪水设计、2000 年一遇洪水校核。企石枢纽工程由中交第一航务工程局有限公司承建。

企石枢纽先导工程（一期）主要施工内容为导流明渠、上下游围堰工程、临建工程和堆存场水土保持。土石方开挖量 52.7 万立方米、明渠混凝土防护 1.4 万立方米。企石枢纽先导工程导流明渠建设，为企石枢纽主体所在的旧州江旧河道创造干地施工条件，为后续主体施工奠定基础。2022 年 11 月 28 日，企石枢纽先导工程开工建设，2023 年 2 月 28 日完工。

企石枢纽主体工程（二期）主要由双线单级船闸、五孔泄水闸、两岸连接坝及企石枢纽大桥等组成。土石方开挖量 2353 万立方米，浇筑混凝土 292 万立方米，合同总金额 41.46 亿元。2023 年 5 月 23 日，企石枢纽主体工程开工建设。截至 2023 年 12 月底，累计完成投资 6.72 亿元，完成土石方开挖 1438 万立方米，占设计总量的 61.11%；完成混凝土浇筑 5.6 万立方米，占设计总量的 1.92%。

企石枢纽建设前原貌
廖立刚 摄
拍摄地点：灵山县陆屋镇
拍摄时间：2022 年 4 月 29 日

建设中的企石枢纽
廖立刚 摄
拍摄地点：灵山县陆屋镇
拍摄时间：2023 年 2 月 21 日

企石枢纽施工现场
廖立刚 摄
拍摄地点：灵山县陆屋镇
拍摄时间：2024 年 6 月 28 日

企石枢纽总体布置效果图
平陆运河集团供图

青年枢纽

青年枢纽位于钦州市钦南区水浸洞村附近钦江河段，是平陆运河最下游枢纽。受沿海铁路桥限制，青年枢纽新建坝址位于现青年水闸上游约 1.5 千米处。青年枢纽由双线船闸、泄水闸、鱼道和两岸连接坝等组成，采用互灌互泄省水方式，为国内首座 5000 吨级江海交接双线省水船闸。采用分散布置的枢纽总体布置方式，双线船闸布置在左岸，泄水闸布置在右岸。船闸主体长 432 米，上下游引航道布置为对称型，均采用“曲线进闸、直线出闸”的过闸方式。青年枢纽工程规划航道通航技术等级为内河 I 级，通航 5000 吨级船舶，通航建筑物设计为双线船闸，船闸有效尺度为长度 300 米 × 宽度 34 米 × 门槛水深 8 米，最大运行水头为 10.32 米，采用互灌互泄型省水方式。青年枢纽主要建筑物防洪标准按百年一遇洪水设计、千年一遇洪水校核。

青年枢纽先导工程（一期）主要建设内容为明渠开挖与船闸基坑开挖、边坡防护工程、土石方综合利用以及相配套的临时工程。土石方开挖量 1778 万立方米，混凝土总量 12.1 万立方米。2022 年 8 月 28 日青年枢纽先导工程（一期）开工建设，完成投资 4.45 亿元。2023 年 3 月 14 日完成通水节点目标。

青年枢纽主体工程（二期）主要建设内容为枢纽主体上下闸首、闸室工程、上下游引航道建筑物、两侧挡水坝、泄洪闸、上下游靠船墩、水土保持及相应环境保护内容以及与主体工程相配套的临时工程。土石方开挖量 1249 万立方米，混凝土浇筑量 130.67 万立方米，合同总金额 30.28 亿元。2023 年 5 月 23 日，青年枢纽主体工程（二期）开工。截至 2023 年 12 月底，累计完成投资 4.02 亿元。

青年枢纽原貌
廖立刚 摄
拍摄地点：钦州市钦南区
拍摄时间：2022 年 4 月 29 日

建设中的青年枢纽

廖立刚 摄

拍摄地点：钦州市钦南区

拍摄时间：2023 年 3 月 28 日

建设中的青年枢纽
廖立刚 摄
拍摄地点：钦州市钦南区
拍摄时间：2024 年 6 月 21 日

青年枢纽效果图
平陆运河集团供图

青年水闸

青年水闸原名钦江青年水闸，于1959年10月动工兴建，1960年6月竣工，2024年5月拆除。

1959年，青年水闸由钦县（今钦州市）水电局设计，钦县共青团员、青年民兵、机关干部和居民参加施工，故名“钦江青年水闸”。

钦江青年水闸西干渠起源于钦江，流经钦州市区，总长5千米，既担负着城区行洪及生态景观的重任，也担负着下游尖山街道、康熙岭镇农田的灌溉任务。多年来经过多次修缮和改建，钦江青年水闸融入更多的中国现代元素，成为钦州新的人文景观。按平陆运河建设规划，2024年5月拆除青年水闸，重新选址建成环形通航枢纽。

青年水闸位于钦江流域下游，钦州城区北面，坝址集雨面积2140平方千米，是钦江控制性水利枢纽工程，主要建筑物包括拦河闸坝、坝后电站和2条引水灌溉渠道东干渠和西干渠，是一座以城市供水、农业灌溉为主，兼顾生态补水、防洪、发电、挡潮等综合功能的大型水闸。青年水闸与钦州人民生活息息相关，承担着城市生活用水、市区河道渠道生态补水和钦南区尖山街道、康熙岭、沙埠、大番坡等镇的农田灌溉任务。

钦江青年水闸旧照
张元维 摄
拍摄地点：钦州市

钦江青年水闸夜景旧照
张元维 摄
拍摄地点：钦州市

建设中的青年枢纽
廖立刚 摄
拍摄地点：钦州市
拍摄时间：2024 年 3 月 17 日

拆除前的青年水闸
廖立刚 摄
拍摄地点：钦州市
拍摄时间：2023 年 3 月 7 日

2023年3月18日，平陆运河项目一期工程提前完成建设任务，青年枢纽导流明渠实现通水。 廖立刚 摄

2023年12月31日，青年枢纽泄洪闸实现通水。

廖立刚 摄

航道工程

平陆运河建设航道 134.2 千米，按内河 I 级航道标准建设，可通航 5000 吨级船舶。其中，平塘江口至马道枢纽上游段航道、马道枢纽下游至企石枢纽上游段航道、企石枢纽下游至青年枢纽上游段航道的设计航道尺度为 6.3 米 ×80.0 米 ×360.0 米（水深 × 航宽 × 最小弯曲半径），钦州城区段航道设计尺度为（6.3~6.5）米 ×（90.0~100.0）米 ×450.0 米，入海口近海段（沙井钦江大桥至钦州港东航道起点）航道设计尺度为 6.5 米 ×（130.0~140.0）米 ×540.0 米。平陆运河航道工程施工划分为 12 个标段，由中交广州航道局有限公司、中国电建集团港航建设有限公司、中国铁建港航局集团有限公司、中建筑港集团有限公司、长江航道局等 13 家单位（含联合体）承建。2023 年 5 月 23 日，全线航道工程开工建设。

平陆运河钦江干流航道建设现场

廖立刚 摄

拍摄地点：钦州市

拍摄时间：2024 年 6 月 18 日

大国重器天鲸号

天鲸号是我国自主建造的首艘超大型自航绞吸船，2010 年建成时装机功率、疏浚能力居亚洲第一、世界第三。

2023 年 8 月 18 日，在中国提出共建“一带一路”倡议十周年之际，这艘“一带一路”建设中的“功勋船舶”驶进钦州入海口近海段，投入平陆运河建设施工。

天鲸号拥有国际先进的自动疏浚控制系统，操作员点一下鼠标或按键就可完成设备的远程操作，实现自动作业施工。

天鲸号总长 127.5 米，挖深可达 30 米，凭借两根重 98 吨、长 53.33 米、直径 1.8 米的钢桩，在 8 级风浪中亦能岿然不动。重 24 吨、功率高达 4200 千瓦的绞刀，是天鲸号吹填造地的利器。凹凸不平的水底岩石被绞刀“啃食”后，由排泥管输送至船体内，经过舱内泥泵加压输送进长 3000 多米的排泥管道，最后到达吹填区。

中国自主建造的首艘超大型自航绞吸船“天鲸号”投入平陆运河建设施工。

天鲸号
廖立刚 摄
拍摄地点：钦州市
拍摄时间：2024 年 5 月 1 日

跨河桥梁工程

平陆运河沿线建设跨河桥梁 27 座，其中新建桥梁（含枢纽大桥 2 座）5 座、改建桥梁 21 座、桥梁保护 1 座。为保障桥梁改建过程中城镇道路交通通行的需求，平陆运河全线需新建保通桥 16 座。沙井钦江大桥为平陆运河第一个开工的桥梁工程，2023 年 3 月 9 日正式进场施工。2023 年 12 月 22 日，沙井钦江大桥保通桥顺利合龙，此为平陆运河首座实现合龙的保通桥。截至 2023 年 12 月 31 日，有 19 座桥梁开工建设，占桥梁总数的 70.4%。

新建沙井钦江大桥效果图
平陆运河集团供图

沙井钦江大桥

随着平陆运河建设项目的快速推进，位于钦州市南部北部湾大道跨茅尾海处（沙井岛旁）的沙井钦江大桥，系运河入海口的首座大桥，需要拆除重建。

新建的沙井钦江大桥主跨为270米的门式塔双塔混凝土梁斜拉桥，桥梁建设长度896米。其中，主桥长528米，引桥长368米，道路宽度60米，设计行车速度60千米/小时。

沙井钦江大桥施工现场

建设中的沙井钦江大桥
廖立刚 摄
拍摄地点：钦州市
拍摄时间：2024 年 5 月 1 日

G75 兰海高速钦江大桥

平陆运河全线桥梁工程 27 座，其中 G75 兰海高速钦江大桥是平陆运河出海口段的一座重要桥梁。

G75 兰海高速钦江大桥位于平陆运河航道 K112+700 处、G75 兰海高速广西钦州境 K2101+945 处，主桥设计为跨径 318 米的下承式钢管混凝土系杆拱桥，一孔跨越通航水域。

2024 年 5 月 1 日，大桥拱肋吊装顺利完成。

平陆运河 G75 兰海高速钦江大桥为双幅钢管混凝土拱桥，采用半幅通车半幅施工的方式进行；全桥需吊装拱肋 56 节段，其中最长节段为 26 米，最重节段为 78 吨。中拱段整体提升跨度 233.4 米，重量 1900 余吨，提升高度 49 米。

建设中的 G75 兰海高速钦江大桥
廖立刚 摄
拍摄地点：钦州市
拍摄时间：2024 年 5 月 1 日

G75 兰海高速钦江大桥效果图
平陆运河集团供图

建设中的 G75 兰海高速钦江大桥
廖立刚 摄
拍摄地点：钦州市
拍摄时间：2024 年 5 月 1 日

龙门大桥

龙门大桥是广西建的第一长跨海大桥，起点接龙门大桥西引道，终点接钦州市益民街与龙泾大道交会处，分扬帆立交、东引桥、西引桥和主桥。该项目是广西交通建设史上规模最大、技术最复杂、标准最高、跨越海域环境最复杂的跨海通道工程。主桥是广西首座单跨超千米全漂浮体系悬索桥，项目路线全长 7.6 千米，项目桥梁长 6597 米，满足 20000 吨级邮轮通航要求，项目采用双向六车道一级公路建设标准，设计行车速度 100 千米 / 小时。项目建成后，将实现钦防一小时通勤，助推北部湾经济区加快构建大产业、大港口、大交通、大旅游的新一极格局。

龙门大桥项目进一步加密北部湾经济区公路网，服务打造西部陆海新通道，发展向海经济，建设广西北部湾国际门户港，紧密北部湾各港口间的联系，同时践行交通运输部交通强国科技兴安试点及平安百年品质工程示范创建要求。项目充分利用移动互联网、大数据和云计算等信息化手段，搭建起“一个统一平台、十大应用系统”的龙门大桥安全信息化管理平台，全面掌握安全作业过程。

建设中的龙门大桥
廖立刚 摄
拍摄地点：钦州市
拍摄时间：2024 年 5 月 1 日

2021 年 5 月 29 日晚，由广西交通投资集团投资建设、广西北部湾投资集团直属企业广西路桥集团联合承建的广西最长跨海大桥——龙门大桥东主塔 32 根桩基全部完成浇筑。

2021 年 11 月 28 日 12 时，龙门大桥东岸锚碇填芯混凝土浇筑施工顺利完成。

2022 年 5 月 7 日，龙门大桥西主塔顺利封顶，标志该桥进入主桥上部结构施工新阶段。

2022 年 5 月，东主塔最后一节段浇筑完成，顺利实现封顶。

2022 年 7 月 20 日，大桥主塔上横梁完成浇筑，174 米高的主塔塔柱实现“空中牵手”，标志着龙门大桥主塔施工基本完成，正式进入缆索施工阶段。

2022 年 9 月，龙门大桥现雏形。

2022 年 9 月 26 日，大桥项目取得突破性进展，西锚碇散索鞍鞍体与底座实现精准对接，龙门大桥完成首件散索鞍安装作业，正式拉开上部结构施工序幕。

2022 年 11 月 4 日，大桥先导索顺利过海，大桥两岸主塔实现跨海相连。

建设中的龙门大桥
廖立刚 摄
拍摄地点：钦州市
拍摄时间：2024 年 5 月 1 日

余晖映照的龙门大桥建设工地
廖立刚 摄
拍摄地点：钦州市
拍摄时间：2023 年 1 月 30 日

2023 年 2 月 24 日，龙门大桥首根主缆索股完成架设，标志着龙门大桥进入主缆施工阶段。

2023 年 4 月 17 日，龙门大桥主缆全部完成架设。

2023 年 4 月，龙门大桥建设进入上部结构施工阶段。

2023 年 5 月 21 日，龙门大桥扬帆立交主体结构施工完成。

2023 年 7 月 30 日，龙门大桥主航道桥首节钢箱梁完成吊装，标志着龙门大桥进入钢箱梁吊装施工阶段。

2024 年 1 月 8 日，龙门大桥主航道桥合龙。

2024 年 2 月 23 日，龙门大桥全桥左幅贯通。

2024 年 5 月 4 日，龙门大桥东辅航道桥贯通。

2024 年 5 月 17 日，龙门大桥实现全线贯通。

龙门大桥建成通车后，钦州港与防城港的通行时间将由原来的 1.5 小时缩短至 25 分钟。

建设中的龙门大桥
廖立刚 摄
拍摄地点：钦州市
拍摄时间：2023 年 1 月 30 日

北部湾智慧码头

北部湾港钦州自动化集装箱码头是广西壮族自治区实施西部陆海新通道国家战略的重要举措，是践行“四个一流”（一流的设施、一流的技术、一流的管理、一流的服务）、打造世界一流强港的重大工程。

项目分两期建设。项目一期为改造工程（钦州港大榄坪南作业区 7#、8# 泊位自动化改造工程），建设 2 个 10 万吨级全自动化集装箱码头，水深 15.1 米，泊位岸线总长 518.5 米；项目二期为新建工程（钦州港大榄坪南作业区 9#、10# 泊位工程），新建 2 个 20 万吨级全自动化集装箱泊位，水深 18 米，岸线总长 783 米，码头整体通过能力 260 万 TEU。2022 年 6 月 28 日项目一期已投产运营，项目二期于 2023 年年底投产运营。

作为全国第五个已投产的全自动化集装箱码头，该项目配备先进、智能、高效节能的自动化装卸设备及水平运输设备，研发应用码头智能操作系统（TOS 系统）、自动化设备控制系统（ECS 系统）及智能闸口系统（GOS 系统）等若干自动化信息系统，充分结合人工智能、大数据、云计算、自动控制等新一代尖端技术，实现集装箱码头高度信息化、标准化、作业全自动化，打造“智能、高效、绿色、便捷”的北部湾智慧集装箱码头，为世界自动化集装箱码头建设贡献可推广复制的“北部湾方案”。

项目采用全新的 U 型堆场布局，外集卡和智能引导运输车（IGV）能够直接进入箱区作业。外集卡通过三段式智能闸口后，可直达堆场目标贝位，完成抓放箱后沿“U”型路径出港；而 IGV 沿着相邻的 I 型车道实现从海侧到堆场之间的作业，内外交通分流、安全高效。U 型布局装卸点多，出箱灵活，后续可根据堆场作业需求增加轨道吊设备，灵活性、扩展性强，可显著提高堆场作业效率。

北部湾智慧码头
廖立刚 摄
拍摄地点：钦州市
拍摄时间：2023 年 6 月 12 日

作为全国首个海铁联运自动化码头，堆场后方毗邻铁路中心站，集装箱可以通过码头自动化设备高效转运，实现海铁联运“下车即上船、下船即上车”的无缝衔接。随着中心站和码头的人力、设备、场地的全面资源共享，码头和铁路中心站的一体化管理和运营，将打造一个完整的码头铁路共生体，为西部陆海新通道建设，为北部湾国际门户港及国际枢纽海港的建设提供强力支撑。

广西北部湾港钦州自动化集装箱码头
廖立刚 摄
拍摄地点：钦州市
拍摄时间：2022 年 3 月 18 日

三、生态

建设一条长134.2千米，能通航5000吨级船舶的内陆运河，会打破原有水系的自然形成，内河生态系统必将迎来重构。

三大枢纽船闸按省水船闸设计，要开挖3.39亿立方米土石方，相当于3个三峡船闸的开挖量，如何消纳和利用？每年冬季和早春钦江河口的鳗苗汛，鳗苗会溯河而上，到钦江河口索饵和生长，现运河开建，怎样才能让鳗鲡成熟后进行生殖洄游？马道枢纽以北一个叫出水坳的区域切挖最深，那里的斑林狸、豹猫、赤腹松鼠通行受阻，它们怎么通过？沿岸的古树和红树林怎么保护？建设好后怎么维护运河水的生态平衡？

面对这些生态问题，有关部门早就深入开展调查研究。

2005年，自治区水利厅就平陆运河建设对沿线防洪和环境影响进行研究；2010年4月广西平陆运河路线方案及水资源影响技术研究项目可行性研究报告通过评审；2018年3月，自治区交通运输厅将推进平陆运河项目作为水运“一号工程”，推动项目前期论证和几十个专题研究；2020年完成项目建议书编制及航运规划、线路梯级总体布置方案、水资源综合利用等11项专题；2022年6月30日，自治区生态环保厅批复《平陆运河环境影响报告书》，在落实《平陆运河环境影响报告书》和批复提出的生态环境保护措施后，项目对环境的影响将是可控的。

整洁干净的工地环境
廖立刚 摄
拍摄地点：钦州市
拍摄时间：2023年3月24日

运河土石方、灰尘和饮水处理

平陆运河建设单位践行绿色发展理念，以“河畅、水清、鱼翔、岸绿、景美、低碳”为目标，力争将平陆运河打造成为世界级高水平保护的生态运河、绿色运河。在土石方资源化利用方面，马道枢纽五大边坡开挖土石方总量771.6万立方米，可堆满超过4000个标准游泳池。为此，项目建设管理团队按照土石方综合利用“总体平衡、保本微利”的目标要求，将表土剥离的耕植土用于坡面绿化覆土，同时结合抬田造地、土地整治措施，实现新增耕地22.8公顷，围绕“运河建成、园区建成”目标，利用44.63公顷土石方综合利用区，建设马道枢纽产业园区。

运河建设沿线各标段，每个工人产业园和混凝土搅拌站均通过项目土石方回填。按照“分类处置、变废为宝、一场一策、一地一策”原则，全过程、全方位对土石方进行跟踪管理，确保运河项目土石方得到高效利用。平陆运河一期工程开挖土石方2603万立方米，全部实现综合利用。按照吹填造地（海上）、绿色建材、矿坑生态修复、园区回填、临建及工程自用、土地复垦等利用方向，综合利用土石方，实现资源集约利用。

绿色设计是绿色发展的源头和第一环节，平陆运河项目将通航、治水、复绿、造景、循环等理念贯穿于设计、建设和运营全过程，不断提升生态系统质量和稳定性。与此同时，马道枢纽以土石方、水资源综合利用创建绿色示范工程。

项目建设中最易形成污染源的是粉尘和工程污水。平陆运河建设施工单位配备洒水车、雾炮机，在项目施工时不间断作业，实现粉尘达标排放。

饮水安全，关系到千家万户。提高项目“三水”安全保障水平具有重要意义。“三水”是项目挖掘时的地下涌水、外来生产系统产生的酸水以及厂区的雨污分流。对地下涌水，项目建立一套机制，合理利用地下水解决生产用水难题；对生产和生活产生的污水，建立污水排放检验和处理设备，专门建立污水处理沉淀池，处理后的水用于绿化浇淋、洒水降尘。青年枢纽位于钦州市钦江流域青年水闸上游，此处河流为水源保护地，在河面设置4道拦污帘，形成一系列封闭围场，并派专人定期清理河面上的漂浮物，阻拦施工的漂浮物流入钦江。

平陆运河践行绿色管理和绿色运营方式，探索开展近零碳排放运河示范工程建设。平陆运河通航后将着力提升运河船舶能效水平，大力发展和使用清洁能源，推动使用LNG船舶、电动船舶、氢燃料动力船舶，因地制宜利用太阳能、风能、地热能、水温差能等清洁能源，减少运营期的碳排放。

运河水生态平衡维护

开工前的天然河道水流畅通，会带走水中的杂质，让氯离子、浊度、pH值等保持一个平衡的生态。枢纽工程建成后，水流将变缓，潮起潮落会带来水质盐度的变化，水体净化能力会降低，这些都将对运河沿岸的植物和水中鱼类的生长等带来影响。

2024 年 4 月，由重庆交通大学牵头承担的“十四五”国家重点研发计划项目“大型运河工程水生态安全保障技术与示范”在建设中的平陆运河启动。重庆交通大学研究团队推动运河工程水生态修复、入海河口船闸防咸、生态运行调度、水生态监控预警及智慧管控平台等水生态安全保障关键技术在运河建设中运用落地。通过运河工程水生态修复技术，实现氮、磷等关键指标改善 15% 以上，底栖生物多样性指数增加 20% 以上。

为让斑林狸、豹猫、赤腹松鼠、鳗鲡等野生动物留得下、住得好、能繁衍，项目力求实现人与自然和谐共生，运河沿线设置鱼类增殖站、鱼道、陆生动物通道，并打造 36 个生态涵养区，同时加强沿线陆域古树名木的保护。

青年枢纽建成后会导致如鳗鲡、鲈鱼等许多有洄游习性的鱼类无法洄游。为保护好当地特有的鱼类，青年枢纽将建设专为海洋与内河鱼类提供洄游通道的复合型鱼道。规划的两条鱼道，加上一些诱鱼的设施或设备，将吸引鱼类通过鱼道洄游到上游繁殖。鱼道建设背后，体现建设者们的温情与周全，也体现将平陆运河建设成为世界级保护水平的生态运河、绿色运河的追求。

此外，通过模仿天然条件下运河鱼类生态环境的构造，还将运用鱼类生态环境营造技术，在运河全程的支流河口，给鱼类营造一片总面积 10 万平方米以上、和原有水底环境相似的人工鱼巢，形成适合鱼类生存的专属栖息地和鱼类产卵场。

马道枢纽以北一个叫出水坳的区域切挖最深，斑林狸、豹猫、赤腹松鼠通行将受阻。在那里建设一条动物专用通道，该通道就像天桥一样连接航道两边山体。通道设计跨度 230 米、高程接近 110 米、桥面宽度 20 米，桥面有 60 厘米厚的土壤并覆盖植被，通过仿原生态的样式让动物大胆通过，是国内首个跨运河的动物专用通道。

平陆运河以河岸、陆上、水上、鸟类迁徙廊道和生态涵养区域构建“多廊 + 多点”生态廊道，打造“河畅、水清、鱼翔、岸绿、景美、低碳”生态运河。

青年枢纽鱼道
廖立刚 摄
拍摄地点：钦州市
拍摄时间：2024 年 7 月 29 日

青年枢纽鱼道效果图
平陆运河集团供图

盐水入侵问题处理

青年枢纽是平陆运河 3 座航运梯级中最下游梯级，也是平陆运河通江达海的关键节点。由于青年枢纽闸下直接与茅尾海连通，是最靠近入海口的枢纽。在船闸运行过程中，难免会发生海水与淡水的交换，船闸下游的咸水传至上游青年库区内，将会影响生产、生活取水及工程的耐久性。

青年枢纽所处的海水上溯与水位频繁变化环境，会使该处的船闸结构受到氯盐侵蚀，其混凝土构件会出现锈胀开裂情况，同时钢筋锈蚀会导致构件承载力退化，影响水工结构物耐久性及建筑寿命。为解决盐水入侵问题，科研团队通过现场测量、室内试验和数学模型计算相结合的手段，提出集咸坑联合气泡帷幕的措施，减少盐水入侵船闸。

为了优化青年枢纽泄流过程，降低船闸下游引航道的盐度，科研团队还建设了一套船闸盐水在线监测和智能预警决策系统，可根据闸下和上游盐度变化，智能决策启用相应的防咸措施，防止盐水上溯。

为应对海水侵袭，研究团队通过大量研究，综合考虑材料抗氯盐侵蚀性、大体积混凝土施工可行性以及工程建设成本经济性等，优化青年枢纽混凝土配合比，研制出长寿命、高耐久性混凝土材料。

据专家组论证，研发的集咸坑联合气泡帷幕技术，可降低盐水入侵率 50% 以上。而根据该技术方案确定的钦州城区饮用水、灌渠农业用水取水口的搬迁位置，以及优化的 20 余条支流陡坡入汇治理工程方案，解决船闸阀门快速启闭要求的输水难题，为平陆运河工程项目顺利实施提供技术支撑。

工地规范化
廖立刚 摄
拍摄地点：钦州市
拍摄时间：2024 年 4 月 26 日

船闸省水

在马道、企石两大枢纽，当船从上游进入船闸后，就将水泄入省水池内储存，当船从下游进入船闸时，就将原先储存在省水池的水补充到闸室里，从而保证船舶在正常通行的同时，最大限度地节约用水。

青年枢纽处于咸淡水交界处，恰是平陆运河通江达海的关键点。工程包括双线船闸、泄洪闸、电站、连接坝和鱼道，分洪工程采用 7 孔单孔净宽为 13 米的开敞式泄洪闸。青年枢纽省水船闸的“互灌互泄式”则不同，青年枢纽双线船闸可互相输水运行，即一线船闸可作为另一线船闸的省水池，两线船闸互相输水时能节省船闸用水量约 50%。

高效运行的运河，必是追求卓越的运河。建设者们创新思路、攻坚克难，邀请武汉理工大学、南京水利科学研究院等院校组成科研团队，经过 1000 多次实验，成功提高船闸阀门的启闭速度和灌泄水速度。

省水船闸建成后，船闸阀门启门的速度可达每分钟 8 米，闭门的速度可达每分钟 16 米，是当前船闸阀门启闭速度的 2~4 倍，闸室与省水池之间的灌泄水时间可控制在 16 分钟之内。

平陆运河攻克了省水船闸的关键核心技术，采用了 100 多项新技术、新材料、新工艺、新方法。创新目标是：世界最大的内河省水船闸、最高水头的省水船闸、运行速度最快的省水船闸。

有数据显示，平陆运河三大枢纽比普通船闸省水约 60%，预计年节省水量 10 亿立方米。

流域水环境综合整治持续推动

为加强水质监测，打造平陆运河绿色工程，广西开展运河沿线排污口排查，截至 2024 年 7 月，已完成 58% 的茅尾海入海排污口整治任务。“十四五”以来，南宁市和钦州市农村生活污水治理（管控）率较“十三五”分别提高 19.4 和 17.6 个百分点，南宁市在册农村黑臭水体全部完成整治。钦江、大榄江和茅岭江综合整治也在推进中。运河建设还推动绿色低碳发展。推进清洁能源走廊项目建设，申报首批 100 万千瓦新能源建设指标取得积极进展。在工程第 4 标段开展“近零碳工程”绿电施工应用试点，在三大枢纽实施施工绿电分布式光伏项目。推动岸电、充换电装置等设施设备建设，实现运行期能源基本自给、建设资源集约和降碳减污的“近零碳”运河。

随着平陆运河建设持续推进，一条人与自然和谐发展之河正迎面而来。

红树林和古树保护

平陆运河第 15 标段购置 3 万米防污帘，用于保护红树林。在施工前期，该标段就邀请专家对施工给红树林带来的影响进行提前研判；施工时，又通过移植、修筑波浪桩固定红树林等方法，避免树木被施工产生的水波过度冲刷来保护红树林。该标段还为保护红树林成立专门的救援队，负责对红树林进行密切关注以及实地巡查，确保施工对红树林没有影响。在运河工程范围内，红树林异地种植 12.3 万株，占补种修复任务的 38%；完成野生牡蛎 2.08 万个亲本的采集，并移至暂养区。

平陆运河项目涉及移植的古树有 37 棵，品种包含荔枝、樟树、半枫荷等，树龄最小的 80 年，最大的 220 年，可追溯到清朝嘉庆年间。这些古树，每一棵都承载着厚重的历史文化，是自然界的“活化石”。其中 1 棵古樟树编号是 45072111420111668，树龄 217 年，属于三级保护古树，胸径 108 厘米，树高约 12.3 米，平均冠幅约 20 米，树根土球直径达 5 米，实际起吊重量达 50 余吨。2024 年 8 月 6 日由专业名木古树保护单位从灵山县沙坪镇的樟木林梁屋移民新村移植到沙坪镇集镇安置点。移植古树主要分为三步：第一步是移植前准备工作，主要是断根缩坨，修枝和抗蒸腾；第二步是移植，主要是线路规划，土球包扎，运输支撑和种植支撑；第三步是后期管护，主要是古树养护、病虫害防治和针对不同天气的防护。

平陆运河建设管理团队按照一树一方案，对移植古树进行更有针对性的养护管理，最大限度保证移植的古树能够茁壮成长。

移植古树

邓溁辉 摄

拍摄地点：钦州市

拍摄时间：2024 年 8 月 8 日

后记

当最后一幅影像定格在平陆运河波光粼粼的水面上，《平陆运河影像志》的编纂工作也接近尾声。翻阅这些承载着历史记忆的影像，品读字里行间流淌的厚重文脉，仿佛穿越时光的隧道，感受到了平陆运河所蕴含的历史温度与人文深度。这些影像与文字，不仅是对运河沿岸过往的记载，更是对运河未来的展望。

平陆运河是新中国成立以来建设的第一条通江达海的运河，是一项世纪工程，同时也是新时代社会与经济发展的见证。近年来，广西壮族自治区地方志编纂委员会办公室的专家团队加强对平陆运河沿岸史料的研究，深入挖掘丰厚的历史文化，让平陆运河沿岸文化遗产随着运河的建设热潮同步进入人们的视野。与此同时，2022 年 4 月，广西美术出版社、广西民族大学传媒学院和广西青年摄影家协会共同设立《平陆运河影像志》研创中心，在平陆运河开工前，就把镜头对准沿岸的古迹遗址、地形地貌、人文景观和百姓日常生活，以朴素自然和平实的镜头语言，以忠于生活本真的态度，去开展影像的采集和记录，收集了大量宝贵的信息。

历史积淀与影像记录的结合，最终让两条并行的文化脉络交汇成河。在完成前期史料挖掘和影像采集后，《平陆运河影像志》研创中心与地方志编纂团队开启了实质性协作——2024 年 6 月，《平陆运河影像志》研创中心主任廖立刚联系广西壮族自治区地方志编纂委员会办公室，提议共同推进该书的编纂工作。在接到初稿后，自治区地方志编纂委员会办公室于 7 月对初稿框架进行了大幅调整，并制定了《平陆运河影像志》编纂攻坚方案。

全书的总述由黄家接、石睿执笔，韦韩韫、石睿、刘美伶、李超云、张文、林建超、周岳琳、周珍朱、柳玉秀、秧新明、黄家接、谢达春、廖立刚等 13 名作者共同整理撰写了内文各篇章，廖立刚负责为全书配图。孙仿、符松柏、陈雄意、韦瑟钧乙对全书的核校亦有贡献。在编纂过程中，我们深感责任重大，参考了大量历史文献和研究成果，力求通过文字与影像的结合，勾勒出平陆运河沿岸的历史变迁、人文风俗和民族文化。书中收录了运河的规划建设，以及各个历史时期关于运河沿线山川、居民、风物、建设和生态等的文字与影像，力求呈现出一幅立体而生动的运河图景，展现平陆运河从蓝图变为现实的辉煌历程。

历经两年半的田野调查和编纂工作，我们深知，任何一本书都无法涵盖一个主题的全部内容，但我们希望通过努力，为读者提供一个图文并茂兼具文献价值的读本，让读者身临其境地感受平陆运河的独特魅力。

《平陆运河影像志》的出版，既是对平陆运河历史的致敬，也是对平陆运河未来的期许。我们希望通过这些影像与文字，唤起更多读者对这条“黄金水道”的关注，讲好向海图强的故事。

在此，我们要特别感谢横州市地方志办公室、钦州市地方志办公室、灵山县地方志办公室、钦州市钦北区和钦南区地方志办公室以及广西壮族自治区博物馆为本书的撰写提供了大量资料并进行了细致的核实工作。同时，感谢平陆运河集团和沿线的乡镇党委、政府及广大群众在编纂团队实地调研过程中给予的无私帮助与支持。

最后，我们要衷心感谢广西出版传媒集团各位领导的指导与关心，特别是张艺兵总经理，他在谋篇布局、稿件内容及装帧设计等方面多次提出宝贵意见。此外，还要感谢责任编辑黄雪婷和吴谦诚两位同志，他们为本书的顺利出版付出了辛勤的努力。我们还要感谢每一位读者的支持与厚爱，愿这本书能为读者带来知识与启迪。

由于时间仓促，书中难免存在疏漏与不足，恳请广大读者不吝赐教，给予批评与指正。

2024 年 11 月

图书在版编目（CIP）数据

平陆运河影像志 / 广西壮族自治区地方志编纂委员会办公室编 ; 廖立刚主编 . -- 南宁 : 广西美术出版社，2024. 12. -- ISBN 978-7-5494-2926-4

Ⅰ . K928.42-64

中国国家版本馆 CIP 数据核字第 20247W3A60 号

平陆运河影像志

PINGLU YUNHE YINGXIANG ZHI

编　　著：广西壮族自治区地方志编纂委员会办公室
主　　编：廖立刚
出 版 人：白竹林
终　　审：郭树坤　杨　勇
图书策划：谢　冬　黄雪婷
责任编辑：黄雪婷　吴谦诚
文字编辑：李一楠
责任校对：卢启媚
审　　读：陈小英
书籍设计：吴谦诚　陈　凌
责任印制：黄庆云　莫明杰
出版发行：广西美术出版社有限公司
地　　址：广西南宁市望园路 9 号
邮　　编：530023
电　　话：0771-5701356　5701355（传真）
印　　刷：广西壮族自治区地质印刷厂
开　　本：889 mm×1194 mm　1/16
印　　张：15.75
字　　数：260 千字
版　　次：2024 年 12 月第 1 版
印　　次：2024 年 12 月第 1 次印刷
书　　号：ISBN 978-7-5494-2926-4
定　　价：268.00 元

千年梦，万里潮。

襟江海，天下怀。

碧痕穿岳：平陆漕脉通津图

- 平陆运河全长 134.2 千米
- 可通航 5000 吨级船舶
- 工程总概算 727.19 亿元
- 平陆运河三大枢纽均为省水船闸，马道、企石枢纽是全球规模最大的三级叠合式省水船闸。

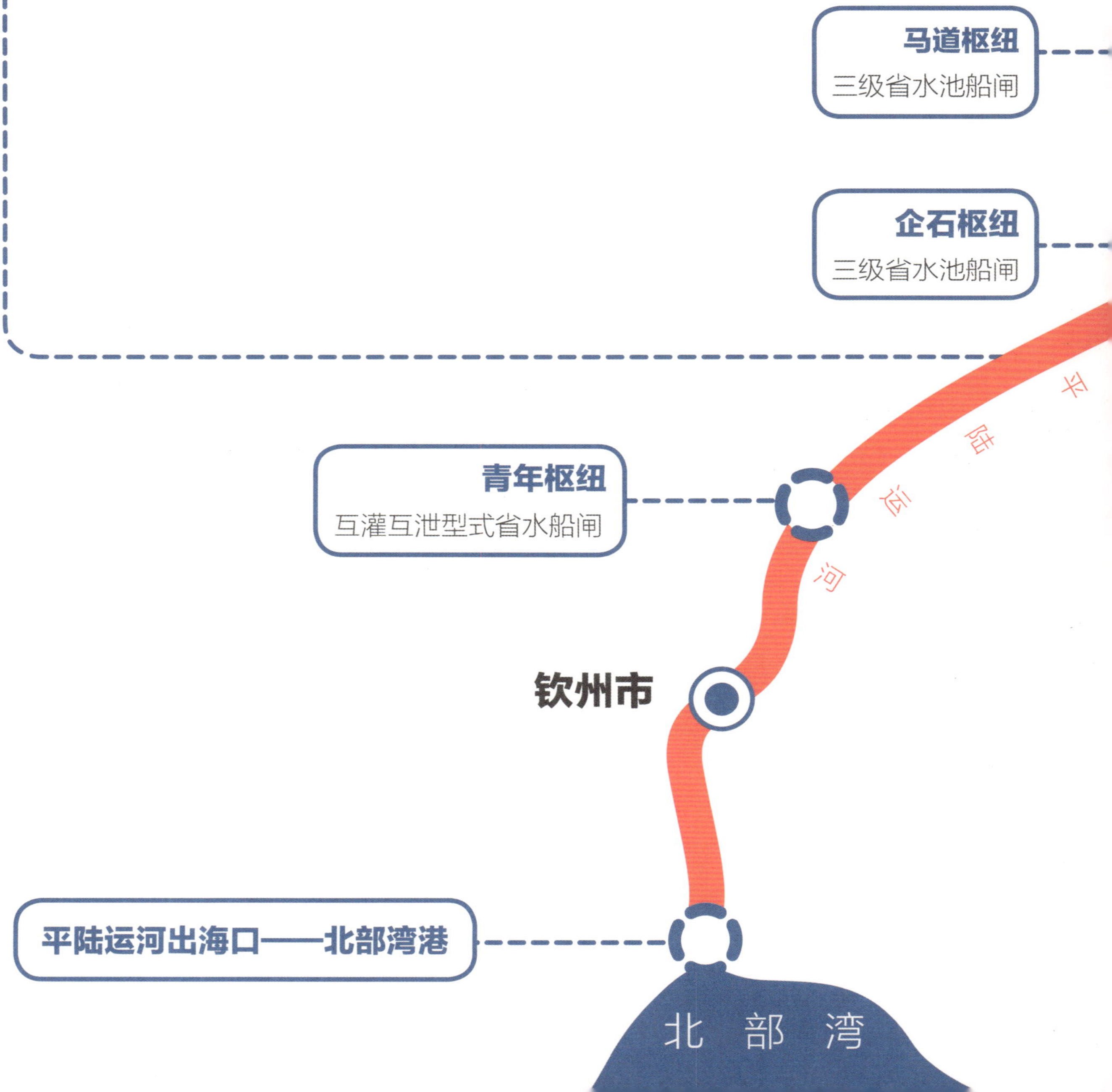